香妃迷案

——清宫档案与考古中的香妃

徐鑫 著

人民东方出版传媒

东方出版社

目录

前言

相传，清朝乾隆帝的后宫之中有一个来自新疆并身有异香的妃子，人们称为"香妃"。关于"香妃"的传说有很多，其中最主要的民间说法是"香妃"是新疆回部小和卓霍集占的妃子，被乾隆帝派去的平定大小和卓叛乱的军队俘获，纳入后宫。由于"香妃"心怀"国破家亡，情愿一死"之志，始终不顺从乾隆帝，并且几次想刺杀乾隆帝。后来，这件事情被皇太后知道了，于是皇太后就趁乾隆帝单独就宿斋宫之机，命人将"香妃"缢死。

历史上到底有没有"香妃"这个人？"香妃"的身世又是怎样的？她真的是被皇太后赐死的吗？"香妃"的尸骨究竟埋葬在哪里？是新疆的喀什、北京的陶然亭，还是遵化的清东陵？

据清宫档案记载，乾隆帝确实有一位来自新疆回部的妃子，但她并不叫"香妃"，她的正式封号是容妃。容妃是乾隆帝众多妃嫔中唯一的维吾尔族妃子，乾隆帝对她情深意长、恩宠有加，不但尊重其民族习惯、宗教信仰，还曾让她多次陪伴皇帝出巡游览。容妃在宫中度一共过了 28 个春秋，于乾隆五十三年（1788）因病医治无效而逝世于北京，享年 55 岁，死后被葬入清东陵乾隆帝的裕陵右侧的妃

1

园寝内。

那么，乾隆帝的容妃和民间传说的"香妃"是否是同一个人呢？还有，难道真的如很多专家学者考证那样，清宫中默默无闻的容妃就是民间传说很神奇的"香妃"吗？容妃是如何进入皇宫的？容妃身上是否有奇异的香味？容妃有没有留下可供人们观赏的画像？

为了把这些谜团解开，很多专家学者为之做了大量卓有成效的工作，发表了许多考证文章，从而证实了传说的"香妃"就是乾隆帝的容妃，但仅凭这些文字的论证，似乎还不足以说明历史的真相。1979 年的 10 月，清东陵文物保管所借助一次偶然的机会对容妃地宫进行了考古发掘，出土的容妃遗骸和陪葬物品对文献记载中的不足进行了有力的补充证明。

在此基础上，为了真正解开民间传说的"香妃"与历史上乾隆帝的容妃之间的关系，笔者参阅了大量考证"香妃"的文章，又翻阅了大量清宫档案，还采访了一些当年参与过清理容妃地宫的专家、学者，熟悉和掌握了一些关于容妃及容妃墓的第一手材料。根据这些真实、可靠的材料，最终完成了这本书的写作。

在内容上，本书真实讲述了一些鲜为人知的事件，披露了一些官方文件以及一些原始的珍贵照片；在手法上，本书将民间传说、清宫档案与地下考古三者的有力结合作为构思框架，利用这个平台提供的一个全方位、多层次、多角度论证，使之最终能成为一个解开"香妃"之谜的新途径。

当然由于笔者受知识和个人主观的局限性，一些说法或许不被部分人所接受，书中的一些错误也在所难免，但愿与广大读者讨论、学习，得到读者真诚的批评和指正。

序章　清东陵考古揭开的历史谜团

　　1982 年 1 月 30 日，中国国家文物局突然给河北省文物局下发了一份紧急文件：

国家文物事业管理局

今后未经正式批准，不得擅自发掘帝、后、妃陵的意见

河北省文物局：

　　我们接到清东陵文物保管所一九八二年一月八日《关于清理裕妃园寝的报告》，其中提到我局 × 局长、× 副局长在去东陵时的汇报会上，同意清理裕妃园寝地宫问题，我们请问了他们，都不记得是否这样说过。我们建议，像这样的事，不能凭借个人口头同意，因为是否同意过，也难核证，就是口头同意的事，也应按《古遗址、古墓葬调查、发掘暂行管理办法》第五条规定正式报批。今后不经批准擅自发掘帝、后、妃陵的都要进行严肃处理。特此函请你局转告东西陵和有关单位。

国家文物事业管理局

一九八二年一月三十日

　　国家文物局为什么会给河北省下发这样一份文件呢？

　　原来，清东陵文物保管所（现称清东陵文物管理处）在未提前申报的情况下，将乾隆帝的裕陵妃园寝中的纯惠皇贵妃地宫打开进行了清理，事后才将清理结果上报，并且在这份报告还有强调辩护和推卸责任的意思。其报告原文是这样写的：

河北省文物局：

现将清理裕妃园寝地宫（主宝顶）的情况汇报如下：

一九八一年六月二日，国家文物局×局长、×局长，河北省文物局×局长以及地、县各级领导来清东陵检查工作。在汇报会上，我所负责同志在讲到八二年春开放裕妃园寝的问题时，根据各地宫都已被盗的情况，迫切要求清理地宫的问题。×局长、×局长当即表示同意。在到裕妃陵内实地察看时，×局长又说："既然这些地宫都已被盗，可以把各地宫都清理出来，用一条地道把各地宫都联（连）起来，供人游览。×局长又说，香妃问题

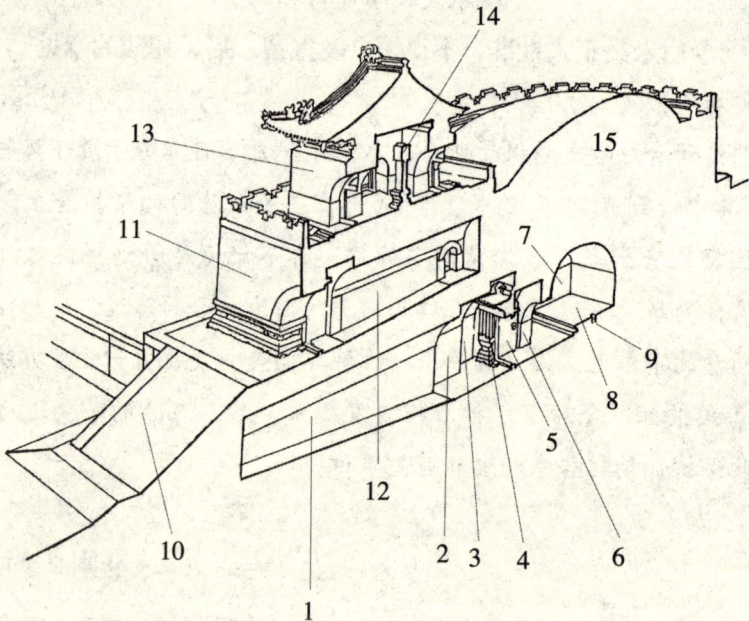

1. 地宫隧道券 2. 闪当券 3. 罩门券 4. 石门 5. 门洞券
6. 梓券 7. 金券 8. 棺床 9. 金井 10. 礓磜子 11. 方城
12. 方城隧道券 13. 明楼 14. 硃砂碑 15. 宝顶

纯惠皇贵妃地宫剖面示意图（绘图：王其亨）

纯惠皇贵妃地宫隧道券

纯惠皇贵妃地宫隧道券与闪当砖券相接处是盗口

裕陵妃园寝的纯惠皇贵妃地宫石门楼

涉及民族政策问题，香妃是当时民族团结的象征，裕妃陵开放时，要很好地宣传一下香妃的事情"。无论在汇报会上，还是在实地视察时，局长、处长，唐山专署专员、文办主任，遵化县革委副主任，文教局副局长以及我所全体干部都在场。我们以为：国家文物局长们已经同意，省、地、县各级领导们又都在场，没有必要先写文字请示，待清理完后写一个汇报就可以了。在研究清理动员会上，张阿祥工程师也提出过应写一个文字请示报告问题。在场的干部们说："国家文物局长们都批准了，省地县各级领导又都在场，就没啥必要了，即使写份请示，也不见得有这么全的领导都知道"。于是，确定了清理方案。

根据维修裕妃园寝其他宝顶的经验，地宫入口都在踏跺下面，所以，我们决定从明楼月台前的礓磜开挖。白天，我们先做了尝试，从礓磜上部贴着月台往下，挖下刚一米多深，就发现了墓道券洞口。八一年十二月二十日（作者按：准确时间应为：一九八一年十一月三十日）当天晚上，我们集中了本所干部、会计、保管、司机、讲解员、伙房大师副（傅）等十几个人，全力奋战，顺着墓道往里挖。整个墓道都砌满了大砖，当挖到墓道尽头最后一层砖时，我们发现了当年盗陵匪徒用过的方铁桶。把最后一层砖拆除掉时，地宫石门出现在眼前。我们采取了十分谨慎的方法。每前进一步，都事先认真拍照现场，以备作资料。这座地宫内葬二人，一个是乾隆帝的第二个皇后乌喇那拉氏，另一个是纯惠皇贵妃。地宫已被盗，原盗口在券的顶部，在墓道券与闪当砖券相接处，两扇石门虽依然关着，后面的自来石紧紧地顶着石门。但石门对缝的下部却被凿开了一个宽23cm，高40cm的洞口。我们先让两个人钻进门洞券内，移开自来石，把石门开出一条缝，让摄影人员先进去拍照，然后大家才进去。整个地宫地面都是半尺深的灰浆污泥，两具棺椁已残破不堪，木质都已糟朽，被拆散的棺木板横七竖八，到处都是，一个内棺已毁坏无存，另一个内棺尚完整，内有头骨二个，遗骨一堆。石门外东旁有泥灰一堆，为当年盗陵匪徒所为。我们仔细地清查了全部灰浆和污泥，仅找到一只

纯惠皇贵妃地宫

纯惠皇贵妃地宫东扇石门下半部被凿开一个豁口

纯惠皇贵妃地宫 左（东）为乌喇那拉皇后棺椁，右（西）为纯惠皇贵妃棺椁

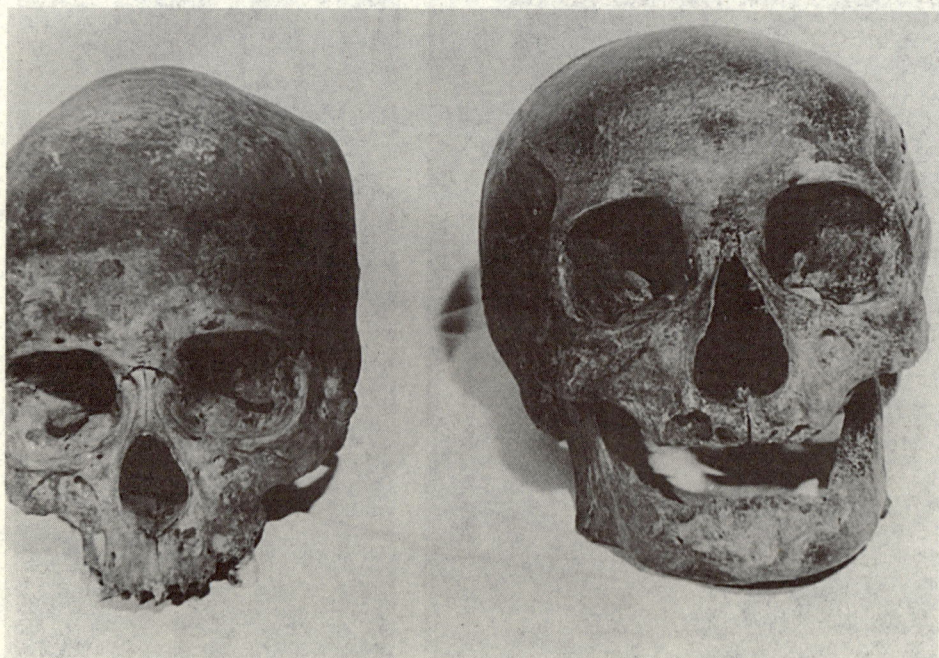

乌喇那拉皇后和纯惠皇贵妃头骨

纯惠皇贵妃礵礤东侧面的地宫入口

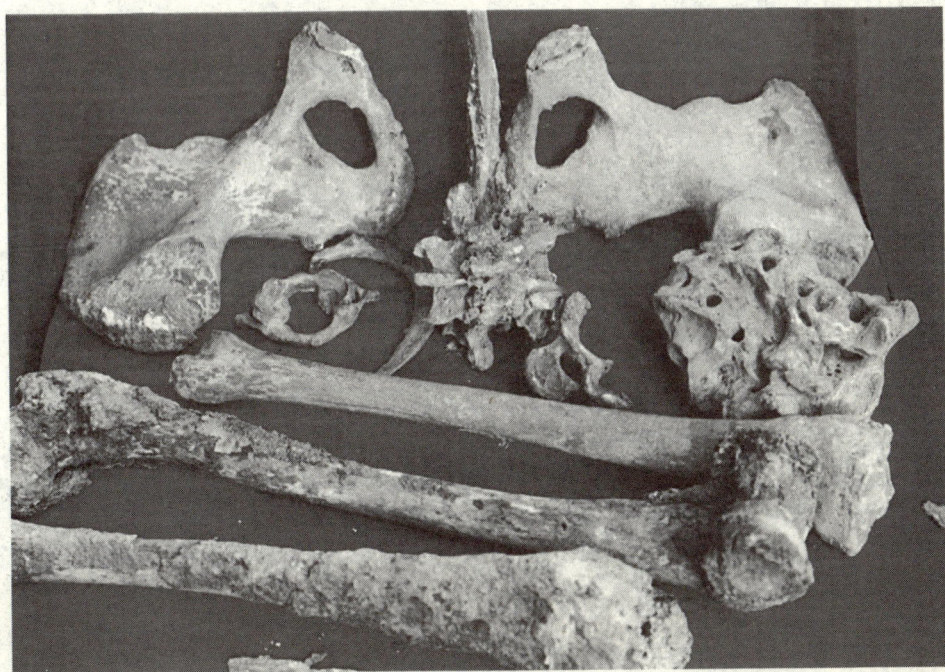

乌喇那拉皇后和纯惠皇贵妃残存的骸骨

裕陵妃园寝纯惠皇贵妃地宫入口

残缺的金戒指，其他一无所获。

我们抓紧对地宫进行了初步清理。每天从展览组和后勤组抽出四五个人来参加清理，淘净了泥、灰浆，抬出了碎破棺木，摆正了仅存的内棺和半个外棺。用了十几个工，恢复了礓磋，在象眼部位开了二个进出口。把从墓道中清出来的大量砖拉到了八二年春开工就需用砖的现场，一切工作于八二年元旦前全部结束。

以上就是我们清理裕妃园寝主宝顶下地宫情况的汇报。

清东陵文物保管所

1982.1.8

清东陵文物保管所的这种做法，引起了国家文物局的重视，国家文物局认为清东陵文物保管所严重违反了《古遗址、古墓葬调查、发掘暂行管理办法》的管理规定，因此这才紧急特发文件给予了禁止。

清东陵位于北京东北 130 多公里的河北省遵化市马兰峪以西的昌瑞山脚下，裕陵妃园寝是乾隆帝裕陵的附属园寝，它的主地宫是纯惠皇贵妃地宫。

按理说，在正常情况下，妃园寝内的入葬者无论其地位高低都是每人使用一座地宫。然而通过这次考古却发现，纯惠皇贵妃地宫内葬有两个人，地宫正中主位是纯惠皇贵妃，左（东）侧的是乌喇那拉皇后。于是在这里就出现了这样的两个问题：

一、纯惠皇贵妃为什么会葬在妃园寝？

自雍正元年雍正帝将怡亲王允祥的生母敬敏皇贵妃葬入景陵，首创了皇贵妃祔葬皇帝陵的先例之后，雍正帝的泰陵和乾隆帝的裕陵先后效仿。裕陵地宫里共有 7 个棺位，除正中棺位留给乾隆帝外，其余 6 个均为后妃的棺位。

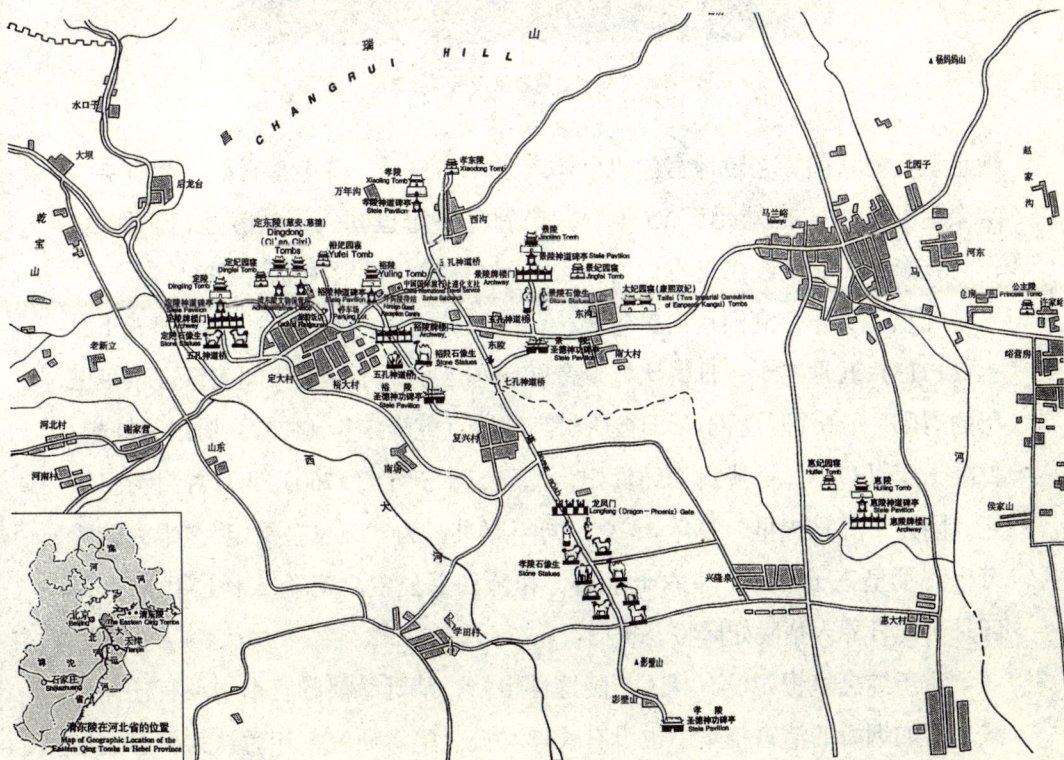

清东陵平面图

11

纯妃（后来的纯惠皇贵妃）画像

纯惠皇贵妃死前，裕陵地宫内也已葬入了1名皇后、3名皇贵妃，尚有2个空余后妃棺位。在她死后15年后，令懿皇贵妃也葬入了裕陵地宫。那么，作为乾隆帝宠妃的纯惠皇贵妃为什么不祔葬裕陵而葬入妃园寝呢？

纯惠皇贵妃，满洲正白旗包衣，苏氏，苏召南的女儿，生于康熙五十二年（1713）五月二十一日，比乾隆帝弘历小2岁，于康熙年间入侍宝亲王弘历的潜邸。弘历即位后不久即被册封为纯嫔，乾隆二年（1737）册封为纯妃，乾隆十年（1745）被册封为纯贵妃，乾隆二十五年（1760）四月晋封为皇贵妃，同月十九日去世，享年48岁，同年五月谥为"纯惠皇贵妃"。她为乾隆帝生育了皇三子永璋、皇六子永瑢、和硕和嘉公主。乾隆二十七年（1762）四月十九日葬入裕陵妃园寝。

对于纯惠皇贵妃没有葬入裕陵这件事情，清廷编纂的官书中没有任何记载，浩如烟海的清宫档案中也没有蛛丝马迹。笔者研究多年后认为可以这样解释：乾隆二十五年，当时的中宫皇后正是乌喇那拉氏，而此时皇位继承人尚未选定（乾隆三十八年十一月才最终内定永琰为储君）。如果皇位继承人的生母不是当时的皇后，那么其生母将来必然要立为皇后。如果嗣皇帝生母死在乾隆帝之前，必然要入葬裕陵。这样的话，裕陵地宫内必须要给当时的皇后和以后的皇储生母预留下二个空棺位，而当时恰恰只剩下二个空位了，所以只能将纯惠皇贵妃葬入妃园寝。

二、为什么皇后会与皇贵妃葬在同一个地宫里？

乌喇那拉皇后，生于康熙五十七年（1718）二月初十日，比乾隆帝小7岁，是佐领那尔布的女儿，满洲正黄旗人。雍正帝将乌喇那拉赐给皇四子弘历当侧福晋。弘历即位后封她为娴妃。乾隆十年（1745）正月二十三日又晋封为娴贵妃。乾隆十三年（1748）三月，孝贤皇后死后，中宫皇后之位悬缺，七月初一，乾隆帝晋封娴贵妃为皇贵妃，摄六宫事，代行皇后职务。乾隆十五年（1750）八月初二日正式册立为皇后。

乾隆三十年（1765）正月，那拉皇后随驾南巡，至杭州。在闰二月十八日那天，乾隆帝派人将她由水路送回了北京。乾隆帝回京后，收回了这位皇后的四份册宝，即皇后一份、皇贵妃一份、娴贵妃一份、娴妃一份，裁减了她手下的佣人，只留有两名宫女。按清宫制度，只有最低下的答应才有两名宫女。因此，那拉皇后实际上只存有皇后的虚名，而没有皇后的待遇和地位了。乾隆三十一年（1766）七月十四日，乾隆帝正在承德避暑山庄时，乌喇那拉皇后忧愤而死。

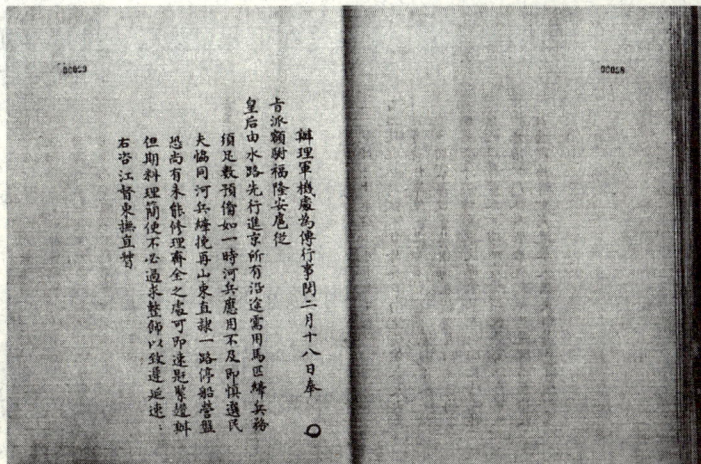

关于乾隆帝遣送乌喇那拉皇后先行回京的上谕

皇后之宝及宝文

乾隆帝听到皇后死讯后，并未回京，只打发那拉皇后所生之子永璂回京料理丧事，下旨按照皇贵妃礼仪办理丧事。虽然乾隆帝说按照皇贵妃礼仪办理那拉皇后的丧事，但实际上，那拉皇后的丧事不如皇贵妃礼仪，据清宫档案《内务府奏案》记载，那拉皇后的整个丧事过程，仅仅花费白银二百零七两多。

那拉皇后之所以落得如此这样的下场，主要原因是生前惹怒了乾隆帝。

这可在乾隆帝的一道谕旨中找到答案。乾隆四十三年（1778）九月，乾隆帝斥责锦县生员金从善为那拉皇后鸣不平时发布了这样的一道谕旨：

> 那拉氏本朕青宫时皇考所赐侧福晋，孝贤皇后崩后，循序进皇贵妃。越三年，立为后。其后自获过愆，朕优容如故。国俗忌剪发，而竟悍然不顾，朕犹包含，不行废斥。后以病薨，只令减其仪文，并未消其位号。

从这道谕旨中知道，那拉皇后在皇太后、皇上都健在的时候自行剪发，而这种行为在当时来说，无疑是在诅咒皇太后、皇帝早死，因此遭到了乾隆帝的严厉惩罚。

那么，那拉皇后为何要自行剪发呢？

对此官方没有记载。但有民间传说，那拉皇后的剪发与乾隆帝的风流韵事有关。乾隆三十年（1765）正月十六日，乾隆帝恭奉皇太后，带领皇后、令贵妃、庆妃、容嫔等人第四次南巡。自古江南出美女，而乾隆帝又风流成性，于是乾隆帝借南巡之机，总想尝尝地方“野味”，朝廷大臣和地方官员便投其所好，不仅从民间选来大批美女和江南名妓进献给乾隆帝，还为其提供各种春图和春药，于是乾隆帝整日陶醉在温柔乡中不理朝政。乌喇那拉皇后是名门淑女，对此事早有耳闻，曾多次规劝，但不见效果。一日，当乾

隆帝在杭州观赏西湖美景之余，流露
出似乎缺少点江南特色的遗憾，陪伴
的和珅立刻理解了"圣意"，向乾隆
帝进言杭州的西湖夜景更美，不仅将
乾隆帝引入了烟花青楼之中，更让人
无法想象的是杭州光头小尼姑也引上
了乾隆帝的龙舟，乾隆帝见此，顿感
新鲜，于是夜夜欢娱。一天晚上，那
拉皇后登舟赏夜景时，忽然发现乾隆
帝的龙舟上悬挂着红灯，这是皇帝临
幸妃嫔的标志，如今出巡途中，又无
召幸妃嫔之旨，怎会红灯高挂呢？于
是猜想其中一定有隐情。那拉皇后回
到凤舟后，奋笔疾书，借古喻今，痛
述利害，写了一道谏章，闯进龙舟内
室，然而令她感到羞辱的是，乾隆帝
竟与几个一丝不挂的尼姑睡在一起。
此时的乾隆皇帝因与几个尼姑久战多

和珅画像

时，疲劳至极已经入睡。皇后见状甚为生气，喝退了尼姑，跪在乾隆帝面前
双手高举谏章，口诵祖训。这一吵闹，乾隆帝醒了，乾隆帝见是皇后，顿
时恼羞成怒，一把夺过谏章撕个粉碎，斥责皇后管得太宽。皇后也不示弱，
说："皇上既然喜欢没头发的女人，我也把头发剪掉，以博皇上一乐。"话音
刚落，便夺过旁边侍卫的佩刀割掉一头黑发。乾隆帝愤怒至极，一脚将皇后
踹倒在地，命侍卫将她拉走。

从此，那拉皇后失了宠，不久 49 岁的那拉皇后忧郁而死，死后不设神
牌，不升祔太庙，乾隆三十一年(1766) 九月二十八日被葬入了裕陵妃园寝，
并且还没有祭祀，成为清朝历史上唯一只有位号、没有谥号，享受不到任何
待遇的皇后。

15

《乾隆帝南巡图卷·视察黄河》

　　然而对于这些，清宫档案中只能查到那拉皇后葬礼的记载，而她死后的葬位在《清实录》、《大清会典》等官书中却没有记载，清东陵马兰镇总兵主编的专门记载东陵事务的《昌瑞山万年统志》中也未提到这位皇后葬地的信息。乾隆帝的那拉皇后葬位在当时是一个谜。后来，清陵专家徐广源无意间在《陵寝易知》[①]一书中发现，那拉皇后是葬在裕陵妃园寝的纯惠皇贵妃地宫里。这种说法在清理纯惠皇贵妃地宫时得到了验证，即在地宫内发现了两个棺位、两个头颅骨。

　　因此，清东陵文物保管所的这次纯惠皇贵妃地宫清理在历史研究中的价值和意义却是非常重要的，它使得清史在与陵寝相结合的研究中取得了关键性的突破：裕陵妃园寝中开启的另一座地宫——容妃墓，其墓主人就是民间传说中的香妃。

_____

① 《陵寝易知》是清朝看守皇陵的官员为了祭祀方便，特意编写的一本记载每座陵寝墓主人葬位的笔记备忘录史料。

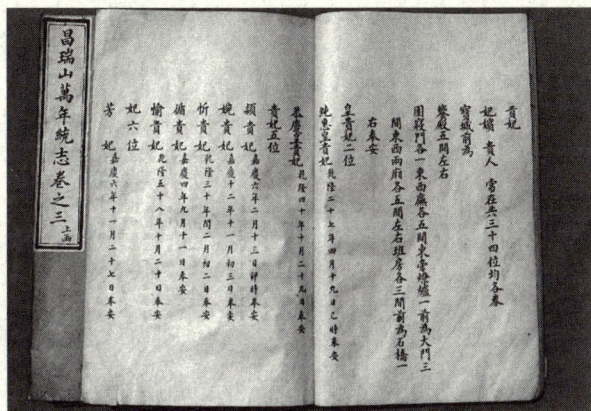

《昌瑞山万年统志》一书中关于裕
陵妃园寝内葬人的记载。但此书中
并没有乌喇那拉皇后的记载

清东陵孤本《陵寝易知》书影

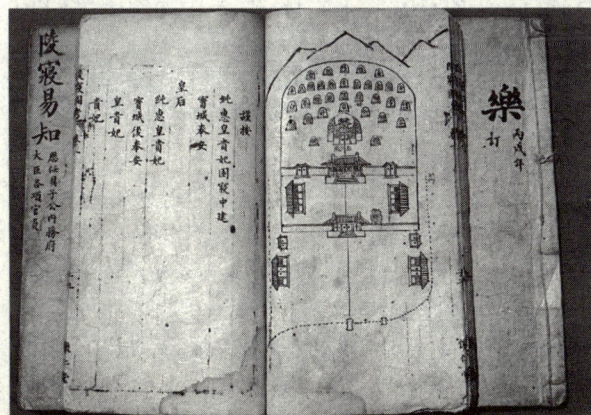

《陵寝易知》中记载裕陵妃园寝葬位
图及内葬人中提到了乌喇那拉皇后

第一章　裕陵妃园寝里的秘密

历来，封建帝王的那些居住在深宫独院妃子的故事都是鲜为人知的，于是当那些妃子的身影消失在历史时空之后，除了史书上的记载外，人们对她们的了解就只能靠她们葬身的古墓了。

第一节　走进乾隆帝的妃嫔墓群

清朝从顺治元年(1644)一月到宣统三年(1911)十二月，统治中国长达268年，其间经历了10个皇帝，除了末代皇帝爱新觉罗[①]·溥仪没建陵外，其余9个皇帝分别葬在河北省的遵化和易县两处规模宏大的皇家陵园，即清东陵和清西陵[②]。

[①] 爱新觉罗：清朝皇帝的姓。"爱新"或作爱星、爱绅，满语，汉译为金。"觉罗"，在满语中没有解释，可能是一处满族的居地，因以为姓。清制，凡显祖宣皇帝塔克世（努尔哈赤之父）本支之子孙为宗室，腰束黄带子；旁支为觉罗，腰束红带子。满清皇室一系的先人在关外时，原姓佟（或童），至努尔哈赤称汗后改姓爱新觉罗。

[②] 清西陵：清西陵坐落在河北省易县梁各庄以西，是清王朝继东陵之后，在关内开辟的又一处皇家陵园。始建于雍正八年（1730），共14座陵寝，其中皇帝陵4座，即雍正帝的泰陵、嘉庆帝的昌陵、道光帝的慕陵和光绪帝的崇陵。皇后陵3座：泰东陵、昌西陵和慕东陵。妃园寝3座：泰妃园寝、昌妃园寝和崇妃园寝。王爷陵2座，公主园寝和阿哥园寝各1座。葬有4个皇帝，9个皇后，妃嫔57个，亲王2个、阿哥4个、公主2个，阿哥长子1个，共80人。在陵区外围，还建有王爷园寝和公主园寝多座，但如今多数已毁坏不存在了。

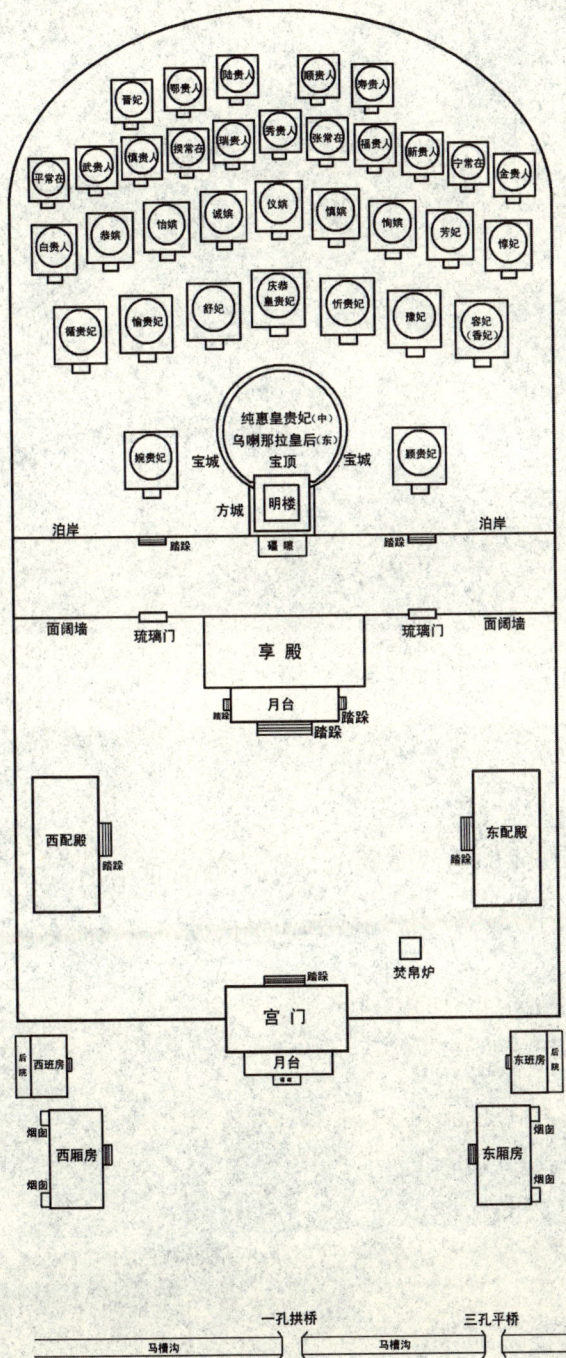

裕陵妃园寝平面示意图（绘图：徐鑫）

裕陵妃园寝一孔拱桥

裕陵妃园寝宫门

裕陵妃园寝的焚帛炉　按照规制，妃园寝只能在左侧（东）建有一座焚帛炉，并且只能使用绿色琉璃构件

裕陵妃园寝的西配殿

裕陵妃园寝的享殿

纯惠皇贵妃方城明楼

清东陵的建筑规模宏大，陵寝众多，其制度与明朝陵寝制度有明显区别。明朝的陵寝制度，不论皇后死在皇帝之前还是之后，都要葬到皇帝陵里与皇帝合葬，因此，没有皇后陵。皇帝的妃子死后不仅不与皇帝合葬，而且也不葬在皇帝陵旁边，有的甚至不葬在陵园之内。

清朝入关以后，在陵寝制度上虽然效法明陵，但也不是死搬硬套，而是根据本朝的具体情况，进行了变化和改革，从而形成了清朝的陵寝制度。与明陵相比，清朝陵寝制度的一个重大变化，就是建有皇后陵，并把每朝皇帝的妃子都葬在妃园寝内。皇后陵、

裕陵妃园寝明楼内的硃砂碑

妃园寝都建在本朝皇帝陵的左右，形成陪葬之势，从而使陵寝制度更加合理。按照这种制度，乾隆帝的妃子死后都葬在清东陵的裕陵妃园寝内。

裕陵妃园寝位于乾隆帝裕陵的西面，坐北朝南，东、西、北三面砂山环绕，始建于乾隆十二年（1747），建有马槽沟、一孔拱桥、东西厢房、东西值班房、宫门、燎炉、享殿、园寝门、宝顶，环以红墙。园寝建成后，初称"胜水峪妃衙门"。到了乾隆二十五年（1760），为了迎接一位新的高贵的墓主人的到来，乾隆帝下令仿照景陵皇贵妃园寝规制改建妃园寝，增建东西配殿各5间；将三座园寝门及两边的面阔墙拆除，改建到享殿两旁；在后院的前部正中增建方城一座，方城上建单檐歇山顶明楼。增建、改建工程历时两年，到乾隆二十七年（1762）才完工，除了直接动用白银134004.303两外，还从京师直接领用总价白银为22938.402两的铜、铁、铅、颜料、琉璃瓦料等各项物料。乾隆二十七年纯惠皇贵妃入葬后，改称"纯惠皇贵妃园寝"，这个名字一直用了37年，直到嘉庆四年（1799）乾隆帝入葬裕陵后，才正

纯惠皇贵妃宝城内的大宝顶

式改名称为裕陵妃园寝。

妃园寝，顾名思义就是埋葬皇帝妃嫔的陵园。在封建社会，由于等级森严，帝、后陵与妃陵之间有着严格的区别。在颜色上，皇帝、皇后的陵寝建筑用黄色琉璃瓦，而妃子陵园的建筑则用绿琉璃瓦，所以绿琉璃瓦是妃园寝的明显标志，这充分显示出皇陵的等级与皇帝的尊贵。在称呼上，妃子陵园不能称"陵"只能称"园寝"。为了表明这座妃园寝葬的是哪位皇帝的妃子，于是就在这座妃园寝的名称前加上这位皇帝的陵寝名称。

在清陵妃园寝中，裕陵妃园寝有两项内容都是名列第二名，即陵寝规制和内葬人数。

一、陵寝规制。清朝标准规制的妃园寝不建方城、明楼、宝城，不建东西配殿，而这座裕陵妃园寝的这些配制建筑则一应俱全，其规制大大超越了标准规制。裕陵妃园寝的园寝门建在了享殿两旁，很显然这种设计是效仿的昭西陵。

　　清朝关内关外共有 10 座妃园寝，超越标准规制的有两座，即景陵皇贵妃园寝和裕陵妃园寝。景陵皇贵妃园寝建有两组方城明楼、宝城宝顶，左右并排，享殿前设有"丹凤朝阳"的御路石东西厢房带前廊，这都是裕陵妃园寝所没有的，所以裕陵妃园寝规制仅次于景陵皇贵妃园寝，位居第二位。

　　二、内葬人数。在裕陵妃园寝内，葬有 1 个皇后（乌喇那拉皇后）、2 个皇贵妃（纯惠皇贵妃、庆恭皇贵妃）5 个贵妃（颖贵妃、婉贵妃、忻贵妃、循贵妃、愉贵妃）、6 个妃（舒妃、豫妃、容妃、惇妃、芳妃、晋妃）、6 个嫔（仪嫔、慎嫔、诚嫔、恭嫔、怡嫔、恂嫔）、12 个贵人（瑞贵人、鄂贵人、寿贵人、白贵人、金贵人、武贵人、新贵人、福贵人、顺贵人、陆贵人、秀贵人、慎贵人）4 个常在（宁常在、张常在、揆常在、平常在）共 36 人，在清朝妃园寝中人数仅次于景陵妃园寝，居第二位。

　　作为规制超标的妃园寝之一，裕陵妃园寝在建筑方面自然也有属于它的一项"第一"，那就是裕陵妃园寝的园寝门。虽然裕陵妃园寝的园寝门位于

裕陵妃园寝的众多宝顶

25

享殿东西两侧的面阔墙上，且只有两座，但是它的园寝门却是两座带门楼的建筑。这点是景陵皇贵妃园寝没有的，也是后来的昌陵妃园寝所没有的。

以往，每当提到皇帝的妃嫔，大多数人会认为皇帝妃嫔在皇帝驾崩以后，都要为皇帝一起殉葬而死，共同葬入妃园寝内。其实并不是这样，早在明朝英宗时就废止了妃嫔为皇帝殉葬这一残酷的制度。清初，虽然有妃嫔殉葬的，那也是极个别的现象。尤其是到了康熙十二年（1673）六月以后，不仅没有妃嫔为皇帝殉葬的，就连奴仆为主人殉葬都被严格禁止，所以清朝妃园寝的那些妃嫔都是随着自然死亡而陆续葬入妃园寝的。如果死亡日期相近，则二人或三人一起从京城的殡宫奉移园寝，同日入葬。

据统计，裕陵妃园寝的这36人是分21批、历经71年才葬入园寝的。第一批葬入园寝的是仪嫔、秀贵人和张常在。仪嫔是乾隆帝即位前的侍妾，很受宠爱，乾隆帝即位刚一个月就被诏封为嫔，还没来得及行册封礼就于乾隆元年（1736）死了，因此仪嫔是乾隆帝的后妃中最早离开人世的。秀贵人和张常在都死于乾隆十年（1745）。这三个人死的时候，因为妃园寝还没有建，所以棺椁都临时停放在北京城外的静安庄殡宫。乾隆十七年（1752）裕陵和裕陵妃园寝建成的乾隆十七年十月，她们三人的棺椁随着孝贤皇后、慧贤皇贵妃、哲悯皇贵妃棺椁从静安庄殡宫一起奉移东陵，同年十月二十七日，孝贤皇后和两位皇贵妃葬入了裕陵，而仪嫔三人则葬入了妃园寝，成为这座妃园寝的一批墓主人。道光三年（1823），最后葬入这座妃园寝的是晋妃，她是乾隆帝的后妃中最后一位离开人世的。

在裕陵妃园寝的后院内共有35座宝顶，按照由南往北的顺序分5排，每排雁翅形横向排列，第一排3座，第二排7座，第三排9座，第四排11座，第五排5座。除正中的大宝顶下的地宫里葬纯惠皇贵妃和皇后2人外，其他34人均是每人一个地宫一个宝顶。

生前有尊卑，死亡有先后。那么，乾隆帝的这些妃嫔在妃园寝内又是按什么顺序排列安葬的呢？

清朝陵寝规制：建造陵寝时，根据当时妃嫔人数、地位高低安排葬位位次，固定好位置后，才开始施工建造。如果某人死后地位晋升，位置一般不做更改，如乾隆帝的庆恭皇贵妃死于贵妃位上，死后追赠为皇贵妃，葬位没有变；乾隆帝的晋妃是一个特例，她于道光帝即位后由贵人被晋封为妃。本应葬位应在第三排或第四排，可是这时妃园寝只剩下了最后一排的西端第一位的一个砖池没有使用，于是道光帝命将砖池改为石池。裕陵妃园寝的这些宝顶排列是有一定规律的。地位高的妃嫔葬在前排，宝顶也相对较大。地位低的依次往后面安葬，地位越低越靠后，宝顶也较小。如果在同一排，地位高的在中间，地位低的往两边排列。

由于前文已经介绍了那拉皇后和纯惠皇贵妃，下面则介绍一下乾隆帝其余34位妃嫔的生平。

庆恭皇贵妃，陆氏，生于雍正二年（1724）六月二十四日，陆士隆之女。乾隆十三年（1748）封陆贵人，乾隆十六年（1751）封庆嫔，乾隆二十四年（1759）十二月晋封庆妃，乾隆三十三年（1768）六月初五日晋封贵妃。乾隆三十九年（1774）七月十五日病死，年51岁。乾隆四十年（1775）十月二十六日葬入裕陵妃园寝。嘉庆四年（1799）正月初四日追封为"庆恭皇贵妃"。

忻贵妃，戴佳氏，满洲镶黄旗，总督那苏图之女。生年不详，生日为五月十九日。乾隆十八年（1753）七月二十日诏封为嫔，乾隆十九年（1754）闰四月十一日举忻嫔册封礼。乾隆二十年（1755）七月十七日生皇六女，4岁殇。乾隆二十二年（1757）十二月初七日生皇八女，11岁殇。乾隆二十八年（1763）八月二十三日诏封为忻妃。乾隆二十九年（1764）四月二十八日病死，尚未举行妃的册封礼。加恩按照贵妃礼办理丧事。乾隆二十九年（1764）十一月二十六日敬事房呈忻贵妃遗物。乾隆三十年（1765）闰二月初二日，以贵妃礼葬入裕陵妃园寝。

愉贵妃，海氏，亦称珂里叶特氏，生于康熙五十三年（1714）五月初四日，员外郎额尔吉图之女。初封海常在，后进封贵人。乾隆六年（1741）二月初七日生皇五子永琪，十一月册封为愉嫔。乾隆十年（1745）十一月册封为愉妃，乾隆五十七年（1792）五月二十一日卒。加恩按照贵妃礼办理丧事。乾隆五十八年（1793）十月二十日葬入裕陵妃园寝。

愉贵妃宝顶

　　循贵妃，伊尔根觉罗氏，满洲镶蓝旗人，总督桂林之女。生于乾隆二十三年（1758）九月十八日，比乾隆帝小47岁。乾隆四十一年（1776）十一月十八日诏封为循嫔。乾隆五十九年（1794）十二月二十九日册封为循妃。嘉庆二年（1797）十一月二十四日卒，终年40岁，以贵妃礼办丧事。嘉庆四年（1799）九月十一日葬入裕陵妃园寝。

　　颖贵妃，巴林氏，蒙古镶红旗，生于雍正九年（1731）正月二十九日，都统纳亲之女。乾隆十三年四月二十二日封为贵人。乾隆十六年（1751）六月初八日册封为颖嫔。乾隆二十四年（1759）十二月十八日册封为颖妃。嘉庆三年（1798）十月二十四日被太上皇帝册封为贵妃。嘉庆五年（1800）二月十九日卒，年70岁。嘉庆六年（1801）二月十三日葬入裕陵妃园寝。

　　婉贵妃，陈氏，生于康熙五十五年（1716）十二月二十日，陈廷璋之女。雍正时赐弘历。弘历即位后封为陈常在，复晋封为贵人。乾隆十四年（1749）四月册封为婉嫔。乾隆五十九年（1794）十二月二十九日册封为婉妃。嘉庆六年（1801）正月初八日诏封为婉贵太妃，同年四月十五日举行册封礼正式被尊封为婉贵太妃。嘉庆十二年（1807）二月初二日卒，寿92岁。嘉庆十二年（1807）十一月初三日葬入裕陵妃园寝。

豫妃，博尔济吉特氏，生于雍正七年（1729）十二月十五日，塞桑根敦之女。乾隆二十三年（1758）十一月十七日封为多贵人。乾隆二十四年（1759）十二月十八日封为豫嫔。乾隆二十八年（1763）十月八日封为豫妃。乾隆三十八年（1773）十二月二十日卒，年45岁。乾隆四十年（1775）十月二十六日葬入裕陵妃园寝。

舒妃，叶赫纳喇氏，满洲正黄旗人，生于雍正六年（1728），侍郎永绶之女。乾隆六年（1741）14岁入宫，封为贵人。乾隆六年（1741）十一月册封为舒嫔。乾隆十四年（1749）四月册封为妃。乾隆十六年（1751）生皇十子，3岁卒，当时未命名。乾隆四十二年（1777），五月三十日死，年50岁，六月停灵西花园，同九月二十日葬入裕陵妃园寝。

容妃，和卓氏，生于雍正十二年（1734）九月十五日，台吉和扎麦之女。乾隆二十五年（1760）二月初三日封为和贵人，时年27岁。乾隆二十七年（1762）五月二十一日册封为容嫔。乾隆三十三年（1768）十月初六日册封为容妃。乾隆五十三年（1788）四月十九日卒，年55岁。乾隆五十三年（1788）九月二十五日葬入裕陵妃园寝。

惇妃，汪氏，满洲正白旗人，生于乾隆十一年（1746）三月初六日，都统四格之女。乾隆二十八年（1763）十月十八日入宫，封为永常在，时年18岁。乾隆三十四年（1771）正月二十七日晋封为永贵人。乾隆三十四年十一月十二日册封为惇嫔。乾隆三十九年（1774）九月诏封为惇妃。乾隆四十三年（1778）因擅杀宫女降为嫔。乾隆四十五年（1780）又恢复妃位。嘉庆十一年（1806）正月十七日卒，年61岁。嘉庆十二年（1807）十一月初三日葬入裕陵妃园寝。

芳妃，陈氏，九月二十四日生，生年不详，陈廷纶之女。乾隆三十一年（1766）十月十六日封明常在。乾隆四十年（1775）晋封为明贵人。乾隆五十九年（1794）十二月二十九日册封为芳嫔。嘉庆三年（1798）十月，嘉庆帝奉太上皇敕旨"尊芳嫔为芳妃"。嘉庆六年（1801）八月三十日卒。同年十一月二十七日葬入裕陵妃园寝。

晋妃，富察氏，生年不详，主事德克精额之女。初入宫为贵人。嘉庆二十五年（1820）十二月，被道光帝尊为晋妃。道光二年（1822）十二月初八日卒。道光三年（1823）四月二十六日葬入裕陵妃园寝。是最后一个葬入妃园寝的人。

仪嫔，黄氏，为高宗藩邸格格。雍正十三年（1735）九月二十四日，乾隆帝谕："格格黄氏著封为嫔，按黄氏之母家系包衣管领下人，著拨归本旗包衣佐领"。乾隆元年（1736）九月死，九月二十八日追封为仪嫔。乾隆十七年（1752）十月二十七日首批葬入裕陵妃园寝。曾被误传为"银妃"。

怡嫔，柏氏，四月十六日生，生年不详，柏士彩之女。乾隆六年（1741）十一月封为怡嫔。乾隆二十二年（1757）死。奉谕："嫔等内事出，若生有阿哥、格格者，奏派王等穿孝，若无，自不必奏。"乾隆二十二年（1757）十一月初二日葬入裕陵妃园寝。

恂嫔，霍硕特氏，亦作郭氏，十二月二十四日生，生年不详，台吉乌巴什之女。乾隆二十四年（1759）六月十九日封郭常在，乾隆二十五年（1760）晋封为郭贵人。乾隆二十六年（1761）八月二十五日扈从木兰，死于波罗河屯行宫。八月二十七日追封为嫔。乾隆二十七年（1762）四月十九日葬入裕陵妃园寝。

诚嫔，钮钴禄氏，九月二十九日生，生年不详，二等侍卫兼佐领穆克登之女。乾隆二十二年（1757）六月初九日封兰贵人。乾隆四十一年（1776）十一月十八日诏封诚嫔。乾隆四十九年（1784）三月二十五日在杭州落水而死。同年九月初八日葬入裕陵妃园寝。

慎嫔，拜耳噶斯氏，四月十一日生，生年不详，德穆齐赛音察克之女。乾隆二十四年（1759）六月十九日封伊贵人。乾隆二十七年（1762）五月二十一日晋封为慎嫔。乾隆二十九年（1764）卒，乾隆三十年（1765）闰二月初二日葬入裕陵妃园寝。

恭嫔，林氏，十二月二十六日生，生年不详，拜唐阿佛保之女。初封林常在。乾隆十六年（1751）六月晋封为林贵人。乾隆五十九年（1794）十二月册封为恭嫔。嘉庆十年（1805）十一月二十七日卒。嘉庆十二年（1807）十一月初三日葬入裕陵妃园寝。

白贵人，六月十七日生，生年不详。乾隆十五年（1750）已是白常在。乾隆五十九年（1794）十月二十四日晋封为白贵人。嘉庆八年（1803）六月死。嘉庆十年（1805）三月十七日葬入裕陵妃园寝。

金贵人，九月十一日生，生年不详。乾隆四十一年（1776）五月初八日封金常在。乾隆四十二年（1777）九月十一日晋封为金贵人。乾隆四十三年（1778）四月九日死，同年九月初九日葬入裕陵妃园寝。

瑞贵人，索绰络氏，正月十九日生，生年不详，礼部尚书德保之女。初为瑞贵人，乾隆三十年六月初九日死。乾隆三十一年（1766）九月二十一日收瑞贵人遗物。同年九月二十八日葬入裕陵妃园寝。

武贵人，十月十八日生，生年不详。乾隆二十九年（1764）三月二十二日封武常在。乾隆四十五年（1780）晋封为武贵人。乾隆四十六年（1781）十二月初二日收武贵人遗物。乾隆四十九年（1784）九月初八日葬入裕陵妃园寝。

新贵人，八月初十日生，生年不详。乾隆二十七年（1762）六月二十七日封为新常在。乾隆四十年（1775）闰十月初九日收遗物。乾隆四十九年（1784）十月二十六日葬入裕陵妃园寝。

福贵人，正月十九日生，生年不详。乾隆二十八年（1763）十月初三日封福常在。乾隆二十九年（1764）八月初五日死在承德避暑山庄，十一月二十六日遗物收回。乾隆三十年（1765）闰二月初二日葬入裕陵妃园寝。

秀贵人，乾隆十年（1745）十月十四日卒，乾隆十七年（1752）十月二十七日与仪嫔等首批葬入裕陵妃园寝。

寿贵人，柏氏，八月二十日生，生年不详。乾隆二十九年（1764）三月二十二日封为那常在。乾隆五十九年（1794）十月二十二日晋封为寿贵人。嘉庆朝尊为寿太贵人。嘉庆十四年（1809）二月二十一日卒。同年三月十八日葬入裕陵妃园寝。

顺贵人，钮钴禄氏，乾隆十三年（1748）十一月二十五日生，总督爱必达之女。乾隆三十一年（1766）六月二十六日进宫，初封为常贵人，时年19岁。乾隆三十三年（1768）十月册封为顺嫔。乾隆四十一年（1776）六月诏封为顺妃。乾隆五十三年（1788）正月二十九日被降为贵人，收回朝冠金累丝凤、金垂挂、金头箍及朝珠等物。乾隆五十五年（1790）七月底八月初卒，乾隆五十六年（1791）十二月十八日，葬入裕陵妃园寝。

鄂贵人，西林觉罗氏，三月二十四日生，生年不详，巡抚鄂乐舜之女。乾隆十五年（1750）已称鄂常在。乾隆五十九年（1794）十二月二十二日晋封为贵人。嘉庆朝尊为鄂太贵人。嘉庆十三年（1808）四月二十五日卒，嘉庆十四年（1809）三月十八日葬入裕陵妃园寝。

陆贵人，亦禄贵人，九月二十三日生，生年不详。乾隆二十五年（1760）十二月十四日封为禄常在。乾隆四十年（1775）晋封为禄贵人。乾隆五十六年（1791）十二月十八日葬入裕陵妃园寝。

慎贵人，五月十六日生，生年不详。乾隆十五年（1750）已是慎贵人。乾隆四十一年（1776）尚在，乾隆四十二年（1777）九月二十日葬入裕陵妃园寝。

张常在，乾隆十年（1745）十月十八日卒。乾隆十七年（1752）十月二十七日首批葬入裕陵妃园寝。

宁常在，十一月十四日生，生年不详。乾隆二十八年（1763）十月二十五日封为宁常在。乾隆四十六年（1781）十二月初二日遗物收回。乾隆四十九年（1784）九月初八日，葬入裕陵妃园寝。

揆常在，七月初十日生，生年不详。乾隆十五年（1750）已是常在。乾隆二十二年（1757）十一月初二日，葬入裕陵妃园寝。

平常在，生日是七月十二日，生年不详。乾隆三十三年（1768）五月二十一日封为平常在。死亡时间不详。乾隆四十三年（1778）九月初九日葬入妃园寝。同年十一月二十八日收回遗物。

第二节　隐藏在这里的故事

　　如果说每一个人的生活经历都是一个故事，那么裕陵妃园寝里面的女人也都有一个属于自己的故事，在历史中她们的故事或歌或泣。

　　据历史记载，在裕陵妃园寝的宝顶下面就埋葬着一些在当时很有名气的妃嫔，像死后被追尊的庆恭皇贵妃、责殴宫女致死的惇妃、比皇帝小 47 岁的循贵妃等。下面介绍一下这些历史"名人"。

　　庆恭皇贵妃陆氏，她的宝顶位于第二排宝顶正中位置的第四座。

　　也许有人会问，既然陆氏也是皇贵妃，为什么不能像纯惠皇贵妃那样也建方城、明楼，宝顶环以带雉堞①的宝城呢？

　　根据前面介绍的陆氏生平可知，陆氏死时的位号是贵妃，是以贵妃的身份入葬的，在当时来说能将她葬在第二排正中之位已经很难得了。因为这排还葬有忻贵妃、愉贵妃和循贵妃。也就是说在四位贵妃中陆氏能位于正中的最尊贵之位，而那 3 位贵妃却在她的旁边，说明陆氏在贵妃中是比较受宠的。

　　既然陆氏死时只是一名贵妃，为什么她能在死后获得晋升为庆恭皇贵妃呢？

　　原来，在嘉庆帝年幼时曾受到过

嘉庆帝画像

---

①　雉堞，由女墙（也称字墙）、垛墙和垛墙之间形成的垛口组成。

陆氏的精心抚育看护，在嘉庆帝心目中留下了良好的印象。嘉庆帝亲政后，为报答陆氏的抚养之恩，就在他亲政的第二天即嘉庆四年（1799）正月初四日降谕旨，追赠陆氏为庆恭皇贵妃。嘉庆帝在谕旨中是这样说的：

> 朕自冲龄蒙庆贵妃养母抚育，与生母无异，理宜特隆典礼，加晋崇封。兹追封为庆恭皇贵妃。

另外，庆贵妃虽然在死后获得了皇贵妃的位号，但却没有得到纯惠皇贵妃死后的待遇，主要是出于以下六点原因：

一、超越规制。给皇贵妃建方城、明楼、宝城、宝顶不是定制，而是逾制。在她前后有 12 名皇贵妃都葬在了妃园寝内，没有一个单方城、明楼、宝城的。

二、时间久远。庆恭皇贵妃已入葬 24 年，不宜再从地宫中起出，在建好方城、明楼、宝城后再重新安葬。

三、财力匮乏。要为庆恭皇贵妃建与纯惠皇贵妃一样的方城、明楼、宝城、宝顶、地宫，只能与纯惠皇贵妃的方城明楼左右并列，这样就势必要拆除处于正中之位的纯惠皇贵妃的方城、明楼、宝城、宝顶、地宫，连拆再建，大兴土木之工，太劳民伤财。而这时清政府的财力，根本无法与乾隆二十五年相比了。

四、葬位迁移。如果真的要拆除纯惠皇贵妃的方城、明楼、宝城、宝顶、地宫，势必要将纯惠皇贵妃的金棺移出来，更重要的是地宫里还有一个失宠的乌喇那拉皇后。这位皇后怎么办？难道也跟着纯惠皇贵妃棺椁迁移？这是一个非常棘手难办的事情。

五、地理问题。在为纯惠皇贵妃建方城、明楼、宝城、宝顶、地宫的时候，就因为后院地面狭窄，拆除了三座园寝门和面阔墙。这次如果真的想为庆恭皇贵妃建的话，后院也实在没有地方可建了。

六、已属尊贵。庆恭皇贵妃生前仅是贵妃，死后 24 年能够被追封为皇贵妃，已是难得的殊荣，与乾隆帝的宠妃纯惠皇贵妃不能相比。

根据以上六条分析，不给庆恭皇贵妃建方城、明楼、宝城、宝顶是完全合情合理的。

乾隆帝朝服像

　　裕陵妃园寝的第二位"名人"是第三排宝顶东数第一座宝顶下的墓主人——惇妃汪氏。

　　在乾隆帝65岁时，惇妃生下了一个公主，排行为十公主，这是乾隆帝的最小的公主。乾隆帝老来得女，自然是格外高兴。爱妃生的这位小公主天资颖慧，妩媚俏丽，被乾隆帝视为掌上明珠。当这位小公主刚6岁时，就被指配给当时的朝中第一宠臣和珅的儿子丰绅殷德为妻，并破例封为固伦和孝公主。按规定只有皇后生的公主才能封为固伦公主，妃嫔生的公主只能封为和硕公主。然而，惇妃之所以能出名并不是因为她是十公主固伦和

35

孝公主的生母，也不因为她与乾隆帝的年龄相差 35 岁，而是因为她在乾隆四十三年（1778）十一月初七日，不知何故竟然打死了一名宫女，于是在宫廷内部惹起了一场人人自危的轩然大波。当时，乾隆帝对此事十分重视，在案发第二天就把众皇子和军机大臣等召进皇宫，向他们发布了一道长谕。在谕旨中，乾隆帝对皇宫内发生了人命案表示出了极大地震惊：

　　昨惇妃将伊宫内使唤女子责处致毙，事属骇见。从未有妃嫔将使女毒殴立毙之事。今惇妃此案，若不从重办理，于情法未为平允，且不足使备位宫闱之人咸知儆畏。况满汉大臣官员将家奴不依法决罚，殴责立毙者，皆系按其情事，分别议处，重则革职，轻则降调，定例森然，朕岂肯稍存歧视？诸皇子各有福晋、格格，家庭之事当法朕，于宫闱不稍溺爱徇情。

　　至若纵性滥刑，虐殴奴婢，不但福晋、格格等不宜有，即诸皇子亦当切戒。且如朕为天下主，掌生杀之权，从未尝有任一时之气，将阍竖辈立毙杖下，诸皇子岂不知之？

乾隆帝在谕旨中强调，无论是后宫主位，还是朝中大臣和皇子们，均不能因为其身份地位是主子，而过于狠毒。最后乾隆帝对此命案做了如下处理：将惇妃降为惇嫔，罚银 100 两；将翊坤宫首领太监郭进忠、刘良革去顶戴，罚钱粮二年；因不能及时劝阻，将翊坤宫总管太监王忠、王承义、郑玉桂、赵德胜各罚钱粮一年。以上太监皆因受惇妃牵连，所以他们被罚的钱粮的一半由惇妃代缴；将罚惇妃的 100 两银子交给被打死的宫女父母作为埋葬费；命总管内务府大臣将上述谕旨遍谕宫内诸人。再抄录两份，分别存记于上书房和敬事房。

裕陵妃园寝的第三位"名人"是最后一排东数第二个地宫墓主人——顺贵人钮祜禄氏。

别看她葬在位置最低下的最后一排，其封号又是贵人，在她的人生旅途上可是有过大起大落的坎坷经历，最后的结局是悲惨的。

顺贵人，比乾隆帝小 37 岁。她 19 岁入宫，初封为常贵人，当时乾隆帝已 56 岁。乾隆四十一年（1776）六月她被诏封为顺妃。当时后宫中没有皇后，也没有皇贵妃和贵妃，妃就是最高的（颖贵妃、婉贵妃都是嘉庆帝即位后晋封的。忻贵妃、循贵妃、愉贵妃都是死后追封的）。正当她的妃的册封礼一切准备就绪，即将举行册封礼之际，未想到皇太后于乾隆四十二年（1777）正月薨逝了。在大丧期间是不宜举行册封礼的，所以顺妃的册封礼被推迟到乾隆四十四年（1779）十月二十日才举行。

俗话说"天有不测风云，人有旦夕祸福"。正当顺妃宠幸有加的时候，乾隆五十三年（1788）新年第 9 天即正月初九日，总管太监王承义向顺妃传达了皇帝的一道谕旨："将顺妃降为嫔，其妃份册、印撤出，交内务府大臣。"这对于顺妃来说就像晴天霹雳，五雷轰顶一样。一波未平，一波又起，刚过半个月，王承义又向顺妃宣布了一道皇帝的谕旨："将顺嫔降为贵人。其嫔份金册撤出，交内务府大臣。"这接连不断的降级，到底是什么原因？官书中没有记载，档案上也未说。看来只有乾隆帝和顺妃心里最清楚。可是两人都已做古，此事只能是不解之谜了。

由于受到了严重的精神打击，顺贵人整日以泪洗面，夜伴愁眠。在经过两年多的煎熬后，于乾隆五十五年（1790）八月初带着忧伤离开了人世，终年 43 岁，于第二年的十二月十八日葬入裕陵妃园寝。

在历史长河中，虽然以上女人的故事都很经典，也都具有美丽和悲哀的特点，但最具传奇色彩的还是要属位于裕陵妃园寝第二排东侧第一位的墓主人——容妃和卓氏。因为她不仅是唯一来自新疆的妃子，而且关于她的故事也是流传最广，身上谜团也是最多的。

据考证，容妃就是民间传说的来自新疆的乾隆帝的"香妃"。

第三节 意外发现盗洞口

本来，清王朝灭亡后，民国政府承诺保护清朝皇陵，但因当时全国各地的军阀连年混战，民国政府财政紧张、党派争斗，因此也就无力顾及皇陵的保护了。于是大小军阀、官僚、土匪和部分护陵人，把皇陵当成维生、发财

裕陵妃园寝宫门上的门钉

的宝地，趁着政局混乱，大肆偷盗陵寝宝物，挖掘地宫，抛尸毁棺，盗窃随葬品。

1928 年 7 月，孙殿英盗掘乾隆裕陵和慈禧陵之后，逊帝溥仪派来的处理善后人员在调查裕妃园寝被盗时有这样的记载：

东朝房门窗、槛框被盗，西朝房门窗、槛框全失，宫门门存，铜钉全失，享殿神龛、门窗、槛框全失，大殿后檐瓦垄已松动脱落，陵寝后院的两个角门及槛框全被盗走。

由此可以看出，在 1928 年裕妃园寝的被破坏程度就已相当严重，当时一些护陵官员与当地官府、奸商勾结，监守自盗，无人敢把陵寝的真实情况实情上报政府和逊帝溥仪。

1980 年，当地老百姓在裕妃园寝附近的地里干活时，无意中从地里挖出许多的铜门钉来，因发现及时，清东陵文物保管所将门钉收回，并已安装到原来宫门的大门上，尽力恢复其原来的面目。此事似乎可以向世人透露出这样的一个信息：民间或许还有清东陵文物。

据记载，裕妃园寝第一个被盗的是纯惠皇贵妃地宫，被盗时间是一九二九年农历十一月。当逊帝溥仪在报纸上得到裕陵妃园寝被盗的消息后，立刻派宝熙的三子志林到东陵勘察被盗情况，后又令载泽等人重敛尸骨。事后溥仪先收到了盗案的勘查情况及处理汇报：

臣载泽、臣载瀛跪奏为奏闻事，窃准东陵守护大臣乐泰函，据守护股报称：本月二十二日，查见纯惠皇贵妃园寝明楼内地砖有挖掘痕迹，是否被匪盗通，未敢擅自开视等情前来。当于次日会同遵化县公安局巡官胡鼎勋、马兰峪保卫团团正曹均乐前往详查，确系被匪盗通，当派员入内查勘，见金棺损毁，玉骨凌乱，伤心惨目，所不忍言。旋将盗口暂封，听候办理。所有本案人犯，业经马兰峪西区联庄会会同公安局拿获四名，并抄出掘挖器具、手枪等物，均转解遵化县政府讯办，请速向省政府交涉严办等因到处。当经臣处电请总司令阎锡山迅派得力军队前往驻守，俾资震慑。一面函请河北省政府及民政厅转饬遵化县、易县公安局先行就近拨派警察前往两陵驻防，藉弥隐患。其已获未获人犯并请分别严缉重惩，以儆凶顽。理合将臣处办理情形先行奏闻，伏乞皇上圣鉴，谨奏。

载泽、载瀛

宣统二十一年十二月初一日

载泽等人这次赴东陵处理纯惠皇贵妃地宫被盗事宜，除了恳请民国政府缉拿盗犯交遵化县政府处理，还对尸骨进行了重敛，修复了被毁坏的棺椁，填砌了隧道。并于事后向溥仪汇报了这次处理纯惠皇贵妃地宫被盗的开支详单：

谨将办理纯惠皇贵妃善后事宜用款数目清单逐项开列，恭呈御览。计开：明黄蟒缎被褥二分，明黄加重里绸，银二百九十五元三角八分；修理金棺用江西紫枋,银二百四十五元;大赤金叶朱漆银朱,银四十八元六角;祭告预备祭品,银二十一元二角五分;五色纸钱,银二十四元;开砌隧道工料,银二百二十三元四角五分;黄布包袱油布棉花,银十五元三角六分;手电灯,银三十四元八角;赁水月电灯、汽油灯,银六十六元五角;往返雇用汽车,银二百十五元;赴陵官员津贴,银一百八十元;木匠漆匠工,银一百五十六元;驻守连部军队给养,银三十元;租赁宿舍,银二十元;赏犒连部军队,本地保卫团团丁、工匠、汽车夫等,银一百五十八元;裱糊房间人工纸张等项,银十八元五角;抬运物件雇觅人夫,银三十八元;茶叶、洋烛、煤油等项,银十七元六角七分;志林奉派先期赴陵恭查园寝被盗情形往返旅宿各费,银八十五元五角;又赏犒保卫团团丁、公安局巡警等,银二十六元。共用银二千一百五十五元一角九分,共领到银二千二百元,除用尚余银四十四元八角一分。

载泽、载瀛

宣统二十二年三月十一日(1930年4月9日)

日伪时期,日本帝国主义在侵占我国东北三省后,为达到进一步侵略中国,笼络溥仪的目的,派人在马兰峪设立领事馆,建有飞机场,没有宪兵队等机构,在东陵南大村建立东陵学院,讲授日语,进行奴化教育。

1945年,日本投降后,国民党蒋介石发动全面内战,这时候的清东陵管理机构已不复存在,处于完全无人管理状态,清东陵的各座陵寝相继被盗。

关于裕陵妃园寝的被盗情况,据原蓟县公安局局长云光回忆1945年东陵盗案时是这样说的:

在清查盗陵案犯时,有一天在马兰峪听人讲:"今晚裕妃陵有事"。说得支吾不清,又不肯详细报告,估计裕妃陵有情况。天刚黑,我带着赵蔚、唐建中和公安保卫队二十来人,赶到裕妃陵,将靠近砂山时,被匪徒哨兵发现,向我们开了枪。我告诉部队不要还枪,把部队撤开,把陵前陵后包围起来。可是那几声枪响后，匪徒听到信号，早逃跑了。我们进了陵，一个人影也没有了。只见满院子土垛子，其中有的土垛子被挖开半个，还没来得及全打开，人就逃之夭夭了。

在这种特殊的环境下，坐落在裕陵妃园寝中第二排东面第一位的容妃墓自然也难逃劫难，但容妃墓在什么时间被盗掘的，又是被谁盗掘的，都被盗走什么珍宝了，却没有留下任何历史信息。

由于遭到土匪和一些劣民的多次盗掘、扫仓，以及多年来自然原因，裕陵妃园寝的地面建筑也遭到了严重破坏，东配殿、东西厢房、班房只存基础，享殿只剩下半个房架子，西配殿南次间塌陷，园寝门及面阔墙、燎炉均残破严重，明楼屋顶全无，大宝顶后的34座小宝顶和台明、踏跺也残破错位，整个园寝内外瓦砾遍地，杂草丛生，破败得惨不忍睹。

新中国成立后，由于国家财力紧张，古建维修经费极少，在二十世纪的六七十年代，对那些残破极为严重的建筑，采取的办法是"落架保护"，换句话说就是"拆"，这也是不得已的办法。这是当时的一份文件，足以说明当时的悲惨状况：

……清东陵文物保管所《关于拆落裕妃陵已残破不堪的小明楼、东配殿、西厢房三个单体建筑的请示报告》（已抄送你局），经我局研究，并报请文化

裕陵妃园寝西厢房东面旧影（1966）

裕陵妃园寝东配殿旧影（1964）

部批示，业已批准。同意将上述三个单体建筑物落架，保存其构件。同时，清理出地基，留作标志。

一九六五年七月十三日

随着国家经济条件的好转，可用于古建维修的经费也越来越多了。1979年8月，国家文物局下拨维修专款，由清东陵文物保管所对裕陵妃园寝进行全面维修。同年9月，清东陵文物保管所古建筑队进入裕陵妃园寝，维修工程全面展开。陆续清理了院内的垃圾、杂草，修复了燎炉、陵寝门、西配殿、享殿、方城、明楼及东西65米长的面阔墙。

在10月2日的这天下午，紧张忙碌的瓦工们在园寝后院抹饰第三排西侧的恭嫔宝顶及石活归安工作，女小工魏香云从园寝前院进来，路过容妃宝

容妃墓

裕陵妃园寝容妃（香妃）月台前的踏跺

顶时，无意用手拂顺头发，头部略微向右一侧，忽然发现月台踏跺处不知什么时候塌陷出了一个大深洞，洞口黑幽幽的，不由惊叫了一声，立刻想到了问题的严重性，飞快地跑去告诉正在干活的瓦工组组长赵生。赵生立刻赶到现场，指挥工人保护现场，并把所发生的事件迅速报告给了所长。

所长宁玉福接到报告后，立刻找到所里负责文物保管兼研究的徐广源，一起赶往裕妃园调查容妃墓现场。

正在现场施工的工人们早已停下手里的活，围拢在容妃墓前议论纷纷，见到所长等人来到，便让开了一条道。

容妃墓的规制与其他妃墓一样，地面建筑由宝顶和月台组成。即地面上建长方形的月台，月台的柱角、压边均用青白石；台帮用澄浆砖干摆，台面用澄浆砖铺墁，月台的四周的散水用澄浆砖铺墁。宝顶建在月台之上偏后的中央，所谓的宝顶，就是坟头。容妃的宝顶用三七灰土夯筑而成，形成一个上部稍微收敛的实心圆柱体，顶部凸起，然后抹饰红灰，提刷红浆。宝顶

容妃地宫内坍塌的砖石(1979 年 10 月 5 日)

下是地宫。宝顶前为宽敞的台面，是祭祀时摆放供品桌和行礼的地方。月台南边正中是五级垂带踏跺，均用青白石构成。

当所长宁玉福和徐广源来到容妃墓时，塌陷出的大洞口处的悬空欲坠的台阶条石已被铁丝、麻绳捆吊在木架上。洞口处有几根压断的茶杯粗的圆木棍，显然这是当年盗墓贼在盗掘完地宫后，为了掩人耳目，用这些木棍把条石棚架起来的。由于天长日久，雨水侵蚀，木棍糟朽而折断，因而条石下落，塌陷成深洞。

从洞口往下看，里面虽然很黑，但借助外面的光线，还能看个大概：洞里有很深很深的积水，十分清澈，粼粼闪动。坍塌的挡券墙的砖土及坍落下去的阶条石等露出水面。再往里看，能看到地宫的石门。两扇石门半开着，门楼上的瓦垄、吻兽都能看到。

为了保护好现场，所长以最快的速度向河北省文化局做了汇报，并向县文教局通了电话，汇报了发生的情况，要求上级派人来现场视察并要求对地宫进行作保护性清理。

清东陵很快得到了上级的批复：同意清理地宫。

第二章 "香妃"是这样诞生的

　　据统计，民间传说的"香妃"也分有不同的故事版本，而且不同的版本有不同的结果。那么，"香妃"之名是怎样产生的呢？她的传说又是如何发展起来的呢？

第一节 "香妃"称呼的历史由来

　　"香妃"之称在史书上是没有记载的，但传说的版本却有很多。根据传说的内容，大致可以分成两个版本：一是喜剧版；二是悲剧版。

　　喜剧版：清军平定回部大小和卓叛乱时，"香妃"家族配合清军作战，立了战功，平叛之后，乾隆帝对其家族进行了封赏，赐居京师。为了报答皇帝的恩德，其家族就把"香妃"献给了乾隆帝。入宫那年，"香妃"仅22岁，尚未婚配。进宫之前，她曾提出三个条件：

　　一、必须在京城为她建筑具有维吾尔族和伊斯兰教特色的房屋；

　　二、必须把她的哥哥图尔都也接到北京去；

　　三、她死后，要把遗体送回故乡喀什安葬。

　　乾隆帝答应了这些条件。"香妃"死后，乾隆帝遵守诺言，果然把她的遗体运回了故乡安葬。这种说法主要流传于新疆的维吾尔族地区。

圖全所列陳物古平北部政内

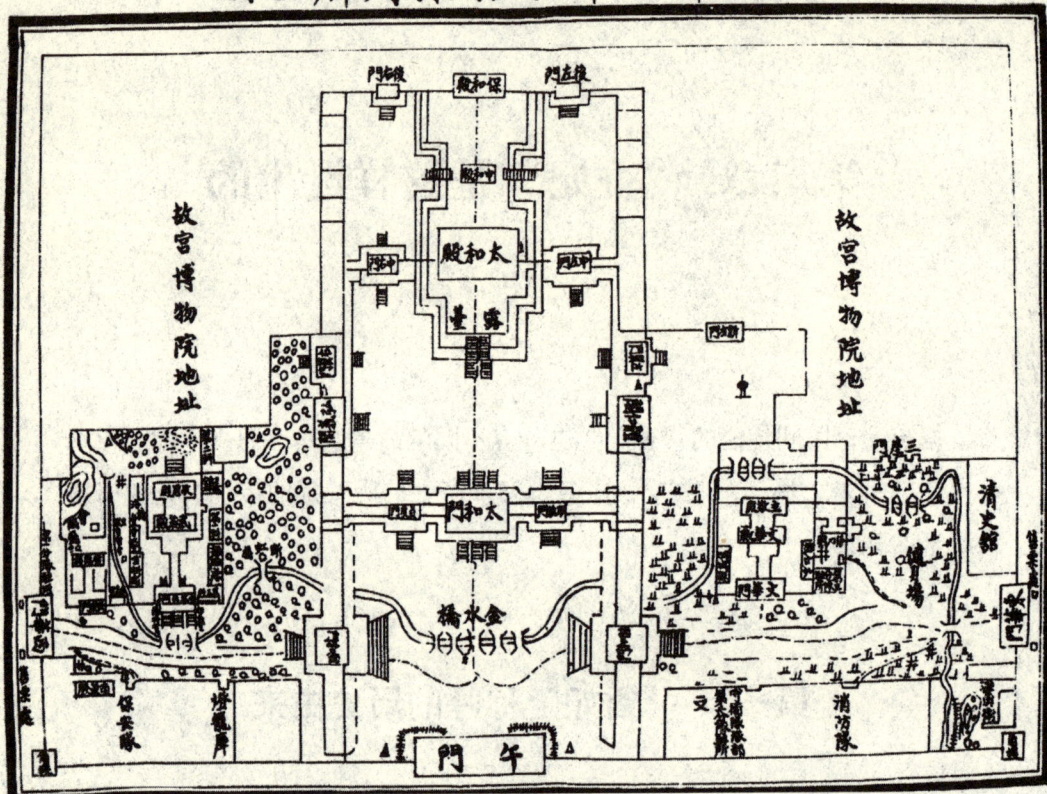

内政部北平古物陈列所平面图

　　悲剧版："香妃"原是新疆回部的王妃，不仅天生丽质，而且不用搽香抹脂身体就能散发出一种天然的沁人心脾的清香，所以称为"香妃"。对此，乾隆帝早有耳闻，在平定回部大小和卓叛乱时，命平叛将领将"香妃"抢进皇宫。由于"香妃"忠于故主，矢志守节，身带利刃，不从皇帝，时刻都想杀死乾隆帝，为国为夫报仇。皇太后得知此讯，担心皇帝被杀，故将"香妃"赐死。乾隆帝闻讯，悲恸万分，遂以妃礼厚葬"香妃"于遵化东陵。此种说法流传最广。

　　那么，"香妃"这个名称是何年出现的呢？它又经历了怎样的一个发展过程呢？现在，就让我们顺着历史的足迹，追溯一下它的根源。

　　据查，"香妃"一词出现在清朝末年，"香妃"故事主要记载于当时的一些私人笔记里。光绪十八年（1892），萧雄[①]在《西疆杂述诗》卷四中写有一首《香娘娘庙》诗：

> 庙貌巍峨水绕廊，纷纷女伴谒香娘。
>
> 抒诚泣捧金蟾锁，密祷心中愿未偿。

萧雄在这首诗的附录中这样写道：

> 香娘娘，乾隆年间喀什噶尔人，降生不凡，体有香气，性真笃，因恋母，归没于母家。

这里没有提到"香妃"之名，只是说有新疆喀什噶尔有一女子身带异香，因想家而回到娘家。并没有后来"香妃故事"中的内容。但从时间"乾隆年间"、地点"喀什噶尔"和特征"体有异香"等来看，萧雄应

古物陈列所旧影

---

① 萧雄，字皋谟，号听园山人，湖南益阳县人，生于道光年间。

清朝晚期的朱启钤像

该是"香妃"名字的始作俑者,"香娘娘"是后来传说中的"香妃"的滥觞。

1907 年刊印的《王湘绮先生全集》第五卷中,有"回妃"被掠入宫,不顺从皇帝,被太后赐死等故事情节,但还没有使用"香妃"一词,也未提到身有异香。但这却是后来"香妃"传说的发展蓝本。

19 世纪末,维吾尔族史学家毛拉木沙·赛拉米的《伊米德史》中记载:南疆有一个美貌无双的维吾尔族少女,15 岁时被官吏们送去给皇帝做老婆,深得皇帝之宠信。在宫中想念家乡,想念家乡的沙枣树。于是乾隆帝万里寻树,令人将新疆乌什的沙枣树移植京师。作者没有指出这位"少女"的名字,只是说出有新疆女子进宫做妃子的情节,但没有提到女子身上有异香。

"香妃"这个名字第一次出现是在哪本书、哪篇文章,何人之口,准确日期是哪天,现在还不清楚,但大概时间当是清末民初。有两个说法:

第一,来自清朝皇陵的说法:清史大师孟森在他的名篇《香妃考实》一文中说,太仓陆夫人在民国二三年曾来过河北遵化的清东陵,当她来到裕陵妃园寝时,曾亲耳听见守陵者称容妃为"香妃"。民国二年、民国三年为 1913 年和 1914 年,那时清朝灭亡刚刚过去二三年,根据《关于大清皇帝辞位之后优待条件》的规定,原来的清陵管理、保卫人员全部留用。所以太仓陆夫人所见到的守陵人当是清朝时的原有守陵人。这说明在清朝灭亡前就有了"香妃"之称。这种称谓很可能来自这位守陵人的父祖。如果真是这样，说明"香妃"这个名字出现得更早。

第二，来自民国政府高官的说法：1914年民国政府内务部总长朱启钤先生曾把在武英殿浴德堂展出的一幅美人像随口就叫"香妃像"。朱启钤先生是古建筑学家，工艺美术家，是中国北洋政府重要官员，不是搞清史研究的，他见到这幅画脱口就说出"香妃"，这说明在此之前他就听说过"香妃"这个名字，在他头脑中已有深刻印象，表明"香妃"这个名字在当时的社会上早已流传。

据考证，"香妃"之名的广为流传起源于故宫办的这次画像展览。

第二节　故宫画像展引发"香妃"热

1912年2月12日即宣统三年十二月二十五日，清王朝入关后的第十位皇帝宣统帝溥仪宣布退位，中国历史上最后一个封建王朝——清朝灭亡了。按照中华民国政府《关于大清皇帝辞位之后优待条件》[1]规定，末代皇帝溥

----

[1] 1912年2月12日清廷与民国政府签订的《关于大清皇帝辞位之后优待之条件》内容是：

关于大清皇帝辞位之后优待之条件。

今因大清皇帝宣布赞成共和国体，中华民国于大清皇帝辞位之后，优待条件如下：

第一款　大清皇帝辞位之后，尊号仍存不废。中华民国以待各外国君主之礼相待。

第二款　大清皇帝辞位之后，岁用银四百万两，俟改铸新币后，改为四百万元，此款由中华民国拨用。

第三款　大清皇帝辞位之后，暂居宫禁，日后移居颐和园，侍卫人等，照常留用。

第四款　大清皇帝辞位之后，其宗庙、陵寝，永远奉祀，由中华民国酌设卫兵，妥慎保护。

第五款　德宗陵寝未完工程，如制妥修，其奉安典礼，仍如旧制。所有实用经费，并由中华民国支出。

第六款　以前宫内所用各项执事人员，可照常留用，惟以后不得再招阉人。

第七款　大清皇帝辞位之后，其原有之私产，由中华民国特别保护。

第八款　原有之禁军，归中华民国陆军部编制，额数俸饷，仍如其旧。

仪①等皇室成员及仆役仍居住在紫禁城的后三宫②及东西十二宫。紫禁城前半部的太和殿等前三大殿及两侧的文华、武英二殿归新成立的故宫古物陈列所搞展览。

1914年，古物陈列所从承德避暑山庄调来了10多张"美人像"油画，当时任民国政府内务部总长的朱启钤先生看到其中的一幅像后随口说道："这大概就是'香妃'像吧。"于是那幅像就被正式定名为"香妃戎装像"，并陈列在西华门内的武英殿后面西侧的浴德堂西间，还附上了画像的"人物事略"介绍：

香妃者，回部王妃也，美姿色，生而体有异香，不假熏沐，国人号之曰香妃，或有称其美于中土者。清高宗闻之，西师之役，嘱将军兆惠一穷其异。回疆既平，兆惠果生得香妃，致之京师，帝命于西内建宝月楼（即今之新华门）居之；楼外建回营，甍幕韦鞴，具如西域式。又武英殿之西浴德堂，仿土耳其式建筑，相传亦为香妃沐浴之所。盖帝欲藉种种以取悦其意，而稍杀其思乡之念也。讵妃虽被殊眷，终不释然，尝出白刃袖中，示人曰："国破家亡，死志久决！然绝不肯效儿女子汶汶徒死，必得一当，以报故主！"闻者大惊。但帝虽知其不可屈而卒不忍舍也，如是者数年。皇太后微有所闻，屡戒帝弗往，不听。会帝宿斋宫，急召妃入，赐缢死。

上图即香妃戎装画像，佩剑矗立，纠纠有英武之风，一望可知为节烈女

---

① 溥仪（1906—1967），姓爱新觉罗，三岁登基，年号宣统，是清朝入关后第十位皇帝，也是最后一位皇帝。1912年，六岁的宣统皇帝奉隆裕皇太后懿旨，宣布退位。1931年底，在侵华日军的策划下叛逃到东北，为满洲国傀儡政权的"执政"，1934年3月改称"满洲帝国皇帝"，年号"康德"。日本帝国投降后，在逃往日本途中被苏军俘虏，押往苏联。1950年8月苏联将溥仪移交中国。1959年12月4日被特赦释放。1967年10月17日病逝于北京，享年61岁，初葬北京八宝山公墓，1995年，溥仪的未亡人李淑贤将其骨灰迁葬于河北易县华龙陵园。

② 后三宫：乾清宫、交泰殿、坤宁宫之总称，位于紫禁城后半部的中轴线上，是明清时期内廷的中心。后三宫南北依次坐落在二米高的台基之上，以门庑相连，平面呈矩形，南北长约220米，东西宽为120米，占地约26000平方米，房屋420余间，至今建筑保存完好。

子。原本现悬浴德堂，系郎世宁手笔。

后来，在奉天（今沈阳）故宫①博物馆又展出过杨令莘②女士临摹的这幅"香妃戎妆像"，同样配以类似"人物事略"的说明文字。由于两次画像展览都是在昔日的皇家宫廷禁地，标示的名称又都是"香妃戎装像"。因此，其宣传面之广、影响力之大是可想而知的。

之后，许多的文人墨客又把"香妃"这个民间传说的历史人物写进了书里，如《满清外史》、《满清稗史》、《清稗类钞》、《古今宫闱秘闻》、《清朝野史大观》、《今烈女传》、《梵天庐丛录》、《清史通俗演义》等。又把"香妃"搬上了舞台，如京剧《香妃恨》、《伊帕尔罕》、评剧《香妃》等。后来"香妃"又走出了国门，其名字被海外的许多国家和地区的书籍、辞典所收录，如《中国清代名人传略》（美国）、《东洋历史大辞典》（日本）、《亚细亚历史事典》（日本）、《清朝全史》（日本）等。

随着时代的发展，"香妃"这个传说中美丽而神秘的女子走进了武侠小说的同时，也走进了大众的电视荧屏，而且越传越神。于是，金庸先生在武侠小说《书剑恩仇录》中将"香妃"称为"香香公主"，并虚构出这样的情节：武林帮主陈佳洛幻想通过"香香公主"而使乾隆帝反清复明。电视剧《风流才子纪晓岚》独出心裁地把"香妃"与纪晓岚扯到了一起，剧中说纪晓岚屡救"香妃"，而"香妃"不但会武功，还会一种被称为"天香功"的气功，身上的香味是因气功而散发出来的。在电视剧《还珠格格》中的"香妃"被称为"含香"，为了让"含香"逃脱乾隆帝的皇宫，让"含香"死过一次而失去了身上的香味。

乾隆帝身边真的有来自新疆的妃子吗？这个妃子身上是否有异香呢？为

---

① 即沈阳故宫，位于今辽宁省沈阳市内，为清王朝入关前之皇宫。始建于后金天命十年（明天启五年，1625），清崇德元年（明崇祯九年，1636）基本建成，历时十一年。全部建筑九十余处，三百余间，占地6万余平方米。

② 杨令莘女士（1887—1978），是一位有抱负的女画家。1928年在沈阳故宫东北三省博物馆任职时，展出她大量的临摹的帝王油画像。旧中国时，她虽旅居国外，仍十分关心祖国文化发展事业。1978年，逝世于卡麦尔，享年92岁。杨女士眷恋故土，遗嘱将其书画、玉器献给祖国。

什么在民间对"香妃"之名越叫越响呢？

　　为了弄清楚这些疑问，我们有必要先清楚乾隆帝有没有来自新疆的妃子，以及该妃子是在什么样的历史背景下进入北京的。

第三章　从新疆到北京

当"香妃"成为人们熟悉的人物后，研究者发现"香妃"与容妃有一个共同的属性，那就是她们的故事都是发生在乾隆朝的新疆叛乱事件之后，于是研究者顺着这条历史足迹追寻到了一些这样的历史背景故事。

第一节　乾隆帝平定新疆回部叛乱

不管是民间传说还是正史记载，"香妃"和容妃都是来自新疆回部贵族，到达北京的时间还都是在乾隆帝平定回部叛乱之后。

回部，历史上又称回疆、新疆，指的是唐朝以来天山以南"回人"（维吾尔族）居住的地区。在清朝乾隆年间曾被人们称为西域。清代《西域图志》对当时西域的地理范围作了说明："其地在肃州嘉峪关外，东南接肃州，东北直喀尔喀，西接葱岭，北抵俄罗斯，南接番藏（青海、西藏），轮广2万余里。"即指今新疆及巴尔喀什湖以东以南的广大地区。现在所称的"新疆"，则是指清朝皇帝改革回部土司制度以后，设立新的行政机关的国内少数民族地区。清朝在雍正、乾隆时期，清朝政府开始委派有任期的官员（流官）管理这些地区，废除世袭的土司，实行"改土归流"。光绪十年（1884），清政府正式在新疆建省，取"故土新归"之意，在官方名称使用上改称西域为新疆，自此，新疆作为一个固定地名沿用至今。

历史上，乾隆年间发生的新疆回部的大小和卓叛乱，指的是在新疆地区两个地方伊斯兰教领袖发动的叛国乱民的一场政治暴动。大和卓是指布拉呢敦（？—1759），小和卓指霍集占（？—1759），两人是亲兄弟，均为新疆喀什噶尔人，是伊斯兰教白山派和卓玛罕木特的长子和幼子。和卓是波斯语的汉语音译，意思是"圣裔"，就是专指伊斯兰教创始者穆罕默德的子孙，后用来称呼伊斯兰教学者和大阿訇。

在清朝，由于回族和维吾尔族都信奉伊斯兰教，生活方式也非常相近，无法将两个民族区别分清，于是往往将维吾尔族也认为是回族。故此将传说中的"香妃"和乾隆帝容妃的民族说成回族或者维吾尔族，在当时来说都是可以的。现在普遍称容妃是维吾尔族。

康熙十九年 (1680)，卫拉特蒙古准噶尔部统治新疆回部后，对其首领实行人质制。准噶尔汗策妄阿喇布坦拘禁了当时的回部教主玛罕木特及其长子布拉呢敦、次子霍集占，令其率领回人在伊犁垦地输赋，还一度将大和卓布拉呢敦、小和卓霍集占囚于地牢中，以防止他们逃走。

乾隆二十年（1755），清军平定达瓦齐叛乱后，释放出了羁押在伊犁的大和卓布拉呢敦、小和卓霍集占，为了感恩，表示效忠清朝中央政府，大、小和卓率领自己属人 30 余人向清军投诚。于是，乾隆帝遂决定把大和卓布拉呢敦派回南疆叶尔羌 (今莎车)，"使统其旧部"；留小和卓在伊犁，"掌回部"，利用其家族的传统影响去招服维吾尔人，以实现对南疆的和平统一。然而事与愿违，乾隆二十二年（1757），小和卓霍集占参与了卫拉特蒙古辉特部首领阿睦尔撒纳叛乱，兵败逃到叶儿羌，煽动大和卓及部分和卓、伯克①背叛清政府，并杀害了清廷遣往招抚的副都统阿敏道，自立为巴图尔汗，不再听命于清廷的政令，实际成为称霸地方的宗教割据势力。作为中央政府首脑的乾隆帝，自然不愿意看到国内人民生活不安定、领土分割，因此决定

---

① 伯克 (bek)，满语对维吾尔语一词的音译。意为官员，亦可用在人名中做尊称。古代维吾尔族中即有"伯克"这一名称的官职，世袭制。此处指大小和卓木政权前后，清帝国延续叶尔羌汗国官制建立的政体下的官员。

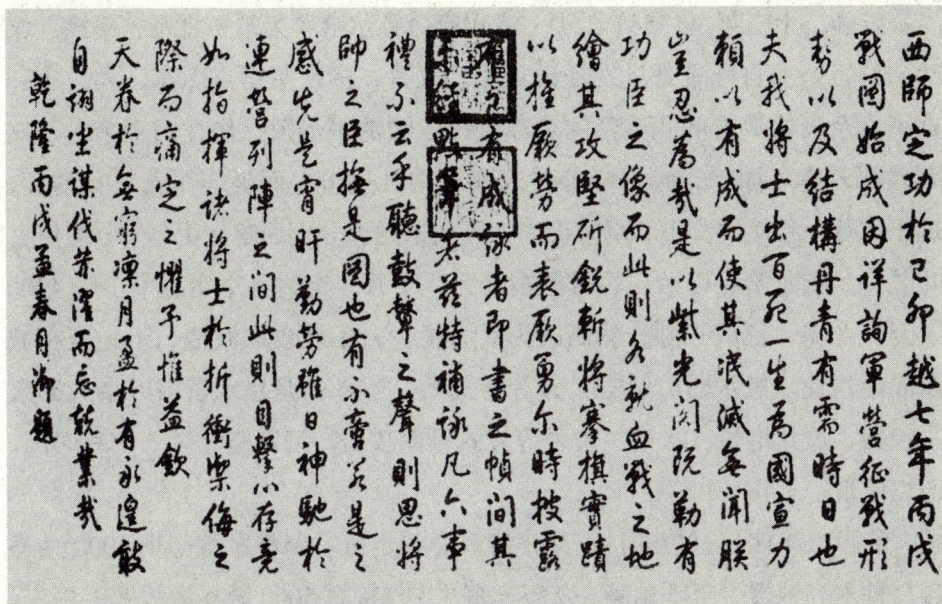

《平定伊犁回部战图》序书影

派兵剿灭。

乾隆二十三年(1758)正月，乾隆帝派兵平定蒙古准噶尔厄鲁特之乱后，于正月二十六日向各回城宣谕了"回酋霍集占罪状"，并讲述了此次出兵征讨平定的四点原因及作战指导方针：

一、君臣之分。大小和卓之所以能够出牢并成为"回人头目"，完全是我大清皇帝的赐予，此二人应属于大清的属臣，回疆归隶于大清版图。

二、用兵理由。大小和卓不该忘掉大清的恩赐，杀害阿敏道，如不将其擒拿，"则回部终不得安生"。

三、只拿逆酋。只针对小和卓霍集占，因其兄曾说过"我家三世为准夷拘禁，今蒙天朝释归，此恩不可忘"，其大和卓属"被迫从行"，尔特予开恩，只要将霍集占捕捉献送，可以"安居如旧"。

四、拒抚者杀。如果回人执迷不悟，顽抗不降者，格杀不论，"既不分善恶，悉行剿除"。

这充分说明了乾隆帝平定叛乱、收复统一中国回疆的决心。

乾隆二十三年（1758）二月，清政府命雅尔哈善为靖逆将军，率满、汉兵共约万余人自吐鲁番进发征讨叛军。五月，围叛军据点库车。大、小和卓率万余鸟枪兵自叶儿羌经阿克苏赴援，被清军击败，伤亡四千余人，旋率残部入库车固守。雅尔哈善并未率军乘胜追击，而坐守军营终日博弈，疏于戒备，致使大、小和卓乘夜率400骑逃遁，分别回喀什噶尔（今喀什）、叶儿羌。雅尔哈善以贻误军机罪被处死。十月，定边将军兆惠率步骑4000人至叶儿羌，三战三胜，然而因为兵力很少，不能攻取城池，于是就在城东隔河构建"黑水营"坚守大营等待援兵。不幸的是黑水营被万余人的叛军包围，遭到炮轰、水淹、偷袭等方式频繁攻击。清军坚守了3个月时间，伤亡惨重。

乾隆二十四年（1759）正月，清政府派定边右副将军富德率3000兵马自乌鲁木齐驰援，至呼尔满（今莎车东北）与叛军5000骑兵激战四五昼夜，获胜，渡叶儿羌河，与参赞舒赫德、都统阿里衮部会师。兆惠得知援军来到，率兵奋力突围与其他清军会师，并还师阿克苏休整。六月，兆惠和富德各率兵15000人分别攻喀什噶尔和叶儿羌。大、小和卓抵挡不住，弃城南

统一回部图《平定伊犁回部战图册·黑水解围》及说明

逃，越葱岭西逃。清军追击，获叛军降卒 12000 余人。同年八月，大和卓逃往巴达克山部（今阿富汗境内），巴达克山部长素勒沙坦遵照清军的通缉令，将大和卓生擒，杀死小和卓。至此，持续两年多的大小和卓叛叛乱结束了，回疆统一于清朝。

在这次平定叛乱过程中，维吾尔族绝大多数上层人士和广大人民都站在清朝中央政府的立场上，赞同并支持对叛乱的平定，为国家的统一作出了应有的贡献。

据历史记载，乾隆二十三年（1758），维吾尔族贵族图尔都见兆惠的军队被叛军围困，采取围魏救赵的方式，带领自己的家族率领布鲁特兵攻击叛军的大本营喀什噶尔，不但使叛军大小和卓腹背受敌，而且还有力地歼灭了叛军的生力军，收取叛军"帐房六十余架，将看守人众剿杀过半，余人惨败逃窜"，使得清军转败为胜。

兆惠画像

清政府统一新疆之后，在新疆各地建立了国家正式管理机构，行使中央政府对边疆地区的国家主权。在行政上，实行军事管制制度，根据不同地区的不同情况，又有不同的调整。在喀什噶尔等回民聚集的地区，沿用当地原有的伯克管理制度，一个地区总管各种事务的长官叫阿奇木伯克，其次是伊沙噶伯克等。减轻了原来准噶尔和大、小和卓时期压在各族人民头上的各种沉重赋税；限制了宗教对政治的干预；废除了伯克的世袭制；废除了伯克制度遗留下的各种弊端；对伯克们所享有的各种特殊待遇和薪俸做了一定的限制；严格禁止伯克对民众的无度欺诈等；向各地派出了自己的行政长官。从而使天山南北广大城乡都有了严密的政治组织，使中央政府的政令得以顺利推行。

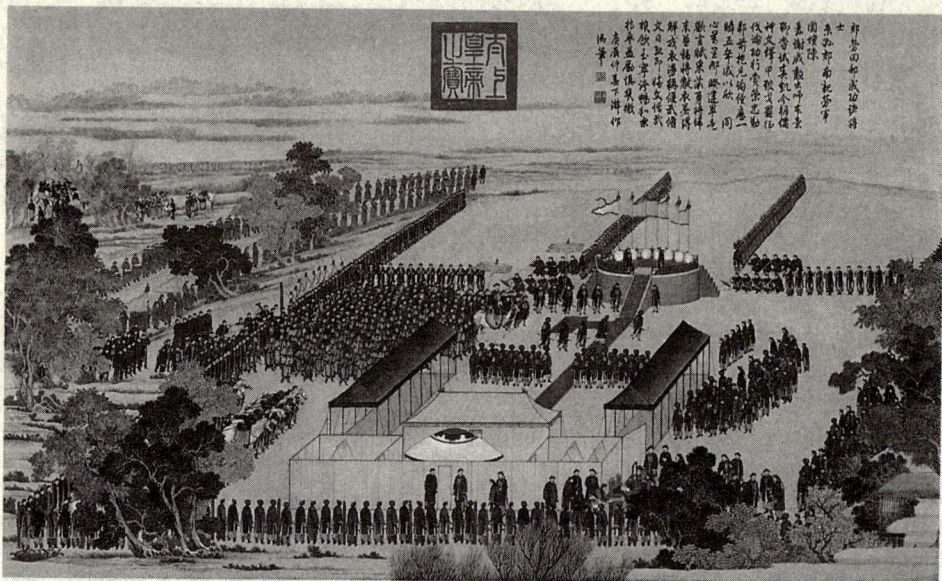

统一回部图《平定伊犁回部战图册·郊劳将士》及说明

第二节　容妃作为家属随哥哥进京

　　清朝政府在统治管理新疆时，不仅仅注重政策法规的实施，还侧重册封维吾尔族贵族在京城当官以及通过"和亲"这一传统而有效的手段团结、笼络维吾尔族的上层人士，在这种政治环境下，平定叛乱中有战功的维吾尔族贵族及其家属成为首批驻北京的民族代表，并负责维吾尔族贵族"年班进京，皆彼招待"。

　　据档案记载，乾隆二十四年（1759）九月乾隆帝下旨：

　　除兆惠所奏现在送京之图尔都和卓外，仍将伊等家口送京。其玛木特之子巴巴和卓，兆惠等回京时亦即同来。

　　定边将军兆惠于乾隆二十五年二月回到北京，同月"帕尔萨和卓、扎萨克台吉玛穆特之子巴巴和卓至京"。又据清宫档案记载，图尔都是容妃的亲哥哥，与玛穆特和卓一起率领布鲁特兵主动进攻大小和卓叛军，给被围的兆惠解围，并主动与兆惠取得联系，"兆惠遣额色尹等入觐"，农历九月到北京，十月"封额色尹公爵（辅国公），授玛穆特为扎萨克、头等台吉"，图尔都九月从新疆出发，十二月到北京，也授为扎萨克、头等台吉在京城做官，并赏给房屋和很多生活用品。当时容妃是作为有功之人的家属进京的，这是因她的家族帮助朝廷平息叛乱，所以也受到特别恩待。

容妃进入皇宫的时间应在乾隆二十五年（1760）正月十五日至二月初三日之间。进入皇宫后，她得到的第一个封号是"和贵人"。也就是在这期间，乾隆帝单独赏给图尔都一所大院子和500两白银，并特批给予他高出俸禄2倍多的20两生活津贴。乾隆二十五年（1760）三月初二日，大学士、兼管理藩院事务、总管内务府大臣傅恒上（满文）奏折：

> 已将有关遵旨付议赏给图尔迪（图尔都）置产事宜，交清馥办理。现拟将入官之东大市六条胡同①现有官房二十二间赏给，令其居住。而今圣主既经加恩，命图尔迪创立家业，当差行走，为整备衣着、鞍骑及一应器具等项，请准自广储司拨银五百两赏给。又查图尔迪年俸仅百两，于当差及家计等项稍感不敷，拟从官房租库每月支银二十两予之，以资补助生计。

图尔都受到清朝政府补助的原因，就是她的妹妹已经进入了皇宫。由此可见，容妃进入皇宫是为缓和民族关系而成为清朝有史以来唯一的维族吾尔族妃子。容妃进入皇宫的方式是通过族人推荐或皇帝的选派，而不是某些历史学者所说的通过选秀女方式进入皇宫的。

也正因为如此，容妃的身份、经历与民间传说的"香妃"之间就有了很多相同之处。因此，她们是否是同一个人的争议最明显的地方还是"香妃"是否有画像。当然，这也是造成"香妃"出名的源头。

---

① 今北京东四北六条。

第四章　香妃画像与香妃墓

一幅被称为"香妃"的画像在北京故宫的成功展出，使得"香妃"成为世人皆知的历史"名人"，于是四幅"香妃"画像，以及她的墓地所在地是哪里也成为人们争论的焦点，当这一切经过史学家研究后，人们最终发现，历史的真相原来是这样的复杂。

第一节　四幅"香妃"画像

既然"香妃"这股旋风是由"香妃"画像引起的，那么，我们就先从"香妃"画像谈起。

目前，流传于世的"香妃"个人单幅画像主要有四幅：第一幅为戎装像；第二幅是洋装像；第三幅是旗装像；第四幅是吉服像。现在，依据有关史料记载对它们进行分析考证，判断其真伪。

第一幅：香妃戎妆像。

此幅画像为半身像，画中人物身穿欧式盔甲。1914 年，此画像曾在故宫西华门的裕德堂展览过，当时被标注为"香妃戎装像"，是掀起"香妃"传说风波的源头。这幅画像目前保存在台湾的台北"故宫博物院"，在 2002 年度"乾隆皇帝的文化大业"大展近 200 组件中，这幅画像依旧被冠予

"香妃"。

据考证，这幅画像是来自清朝皇帝的行宫承德避暑山庄，其来源的真实性是可靠的。但这幅画像上没有题记和落款，无法确定其年代和作者，而且所画的人物是谁，史书和档案也没有记载。传说此画出自郎世宁手笔，郎世宁的作品在《国朝院画录》和《石渠宝笈》中都有收录，但在这两本书中却均未见有"香妃"画的记载。有人说画像是郎世宁的"游戏之笔"，既是"游戏之笔"，那就难以确定画中人物就是"香妃"了，郎世宁仅仅是一个三品官阶的画师，在等级森严的年代，他是没有胆量敢用"游戏之笔"随便画皇帝妃子的。况且，一幅"游戏之笔"也难以安然无恙地保存并流传下来。此外，绘画手法也不符合郎世宁的一贯风格，画面人物相貌也没有维吾尔族女性的特征。

香妃戎装像（现在台湾台北故宫博物院，其左下无款）

对于这幅画像来历，北京故宫博物院的著名清宫史专家朱家溍先生，在《"香妃戎装像"定名的由来》一文中有如下一段介绍：

已经知道乾隆帝只有一个容妃和卓氏，是回部的女子。如果说这个"香妃"实有其人的话，指的当然就是容妃。不过画像的面貌丝毫没有回部女子的特点，而且画的这身打扮，是欧洲古代骑士的甲胄，这与回部也没有什么关系。即使是一幅嫔或公主的肖像，也只是一种游戏性质的肖像，就像雍正帝有一幅着西洋服装的画像，以及雍正、乾隆都有很多古装像、佛装像等是同样的作品。

根据故宫博物院所藏清代遗留下来的无名称无款识的画像，往往背后粘贴着当时的记载签子，我曾问古物陈列所的古物保管科科长曾广龄先生："这幅'香妃'像背后是不是写有容妃的签子？"曾先生回答我说"没有"。我又问："最原始起运时的账本子是怎么样写的？"曾先生回答："关于这件藏品，在账上只是写油画屏一件。"

曾先生原是逊清皇室内务府的人，当 1914 年成立古物陈列所时，到承德、奉天起运古物，都由他经手操办，这幅油画屏就是他经手，由承德避暑山庄运回北京的。后来古物陈列所的展览工作，也是他经手，所以他最清楚。

我又问："既然原账上只是油画屏一件，而原画背后也没有记载的纸签子，那么根据什么定为'香妃'画像的呢？"曾先生笑着回答："总之是官大表准，当时文物运到北京后，内务部朱总长看见这幅画像，就说这大概就是香妃吧。其时他也没有什么根据，只是顺口一说而已，就定下来了。"到此我方知所谓《香妃戎装像》也者，不过是以意为之而已。但这幅肖像画的是谁，尚待考证。

可见故宫专家对这幅画像人物是否是"香妃"都不确定。而且这幅画像所附"人物介绍"内容也多出与史实相抵牾。

按照画像"人物介绍"上的说法，宝月楼和回子营均是因为"香妃"才出现的。说起宝月楼，历史上还真有其建筑。宝月楼建于中南海南岸，辛亥革命后，袁世凯把宝月楼南面原有的一段长墙拆毁，把宝月楼改作中南海的南门，称为新华门。现在，我们根据它们在历史上出现的时间和相关档案对其进行考证，说把宝月楼和回子营说成是为"香妃"所建，是没有事实根据的。

据考证，宝月楼建于乾隆二十三年（1758），当时乾隆帝在《宝月楼记》中写道：

宝月楼者，介于瀛台南岸适中，北对迎熏亭。亭与台皆胜国遗址，岁时修葺增减，无大营建。顾液池南岸逼近皇城，长以二百丈许，阔以四丈许，地既狭，前朝未置宫室，每临台南望，嫌其直长鲜屏蔽，则命奉宸既相约之椓之，鸠工戊寅之春，落成是岁之秋。

乾隆二十四年（1759）六月初五日，内务府上奏宝月楼建筑工程及其花费银两时曾有这样的记载：

修建瀛台南泊岸宝月楼一座，计七间，月台一座……及油饰彩画糊裱等项工程俱经完竣……共销银六万三千四百四十三两四钱五分……

乾隆二十四年（1759），乾隆帝在《御制题宝月楼诗》中写道："南岸嫌长因构楼，楼临直北望瀛洲。"诗注云："瀛台皆前明所建，惟南岸向无殿宇，故为楼以配之。"由此可知，乾隆帝建宝月楼的意图就是为了补景、配景，起到一个屏障的作用。至于为什么称其为"宝月楼"，乾隆帝也有解释："楼之义无穷，而独名之曰宝月者，池与月适当其前，抑亦有肖乎广寒之庭也。"原来，宝月楼因其地理位置有似于月宫的广寒宫而得其名。更值得注意的是，乾隆二十三年（1758）建宝月楼时，清军正在新疆与回部叛乱军队作战，胜负难测。而"香妃"进宫时间是乾隆二十五年（1760），而宝月楼早已建成一年多了。因此不能说宝月楼是为"香妃"而建。

至于宝月楼之南的回回营，其建成时间是乾隆二十四年（1759）。这年的十二月十三日，清朝内务府的档案中记载："今西长安门外，回子营居住房屋已修成，恳请将回子额色尹等移居彼处。"拟移居的人员有"公爵额色尹、台吉图尔都和玛木特及随从等九人"，他们原居住关防衙门，移入回子营后，"额色尹等三人仍居住在一处，家眷送到京后，供给所需生活什物，又赏予三所房屋等情，另行请旨办理。"由此可知，回子营建成于乾隆二十四年（1759）年末，额色尹等人是进京的第一批人员，他们的家眷在此时尚未进京，这其中包括图尔都的妹妹容妃。也就是说容妃进京前，回子营已建好，并已经有人入住，而此时的乾隆帝并不知新疆来的额色尹等人的家眷中有自己未来的妃子，因此，把建回子营说成是为取悦"香妃"以"稍杀思乡之念"，纯属后人根据回子营有回人居住的事实而编译出来的。

另外，虽然乾隆帝于乾隆三十三年（1768）在《御制宝月楼诗》的诗注里写道："楼临长安街，街南俾移来西域回部居之，室宇即肖其制。"但根据历史档案记载，那些回子营的建筑形式，是传统的八旗营房样式。"室宇即肖其制"无非是在建筑中添加了一些"毡帘、傢伙"等之类的建筑装饰。而当初建回子营时，并没有建回民宗教朝拜需要的"礼拜寺"，之后营建"礼拜寺"则是因为把这些回民正式编成"佐领"纳入了行政编制的原因。"礼拜寺"是乾隆二十八年（1763）兴工，乾隆二十九年（1764）落成的，此时已是回子营建好后的第五年。根据考证，回子营中的礼拜寺的建筑规模，远不及牛街和东四牌楼的清真寺。乾隆帝在该寺建成后的《御制礼拜寺碑文》中解释营建目的是为了"宠绥，回人亦吾人也"、"统同合异，使瞻听无奇邪。"是乾隆帝推行"怀柔"民族政策的一种手段。

再来看看被说成是"香妃"沐浴的浴德堂，其位于故宫武英殿西北部，坐北面南，面阔 3 间。浴德堂内一房间的东门外，有一条砖砌的弯弯曲曲的通道，通道顶部呈拱形，通至后室，并且有通向室外的天窗。后室屋顶呈穹隆形，建筑带有鲜明的土耳其式风格。浴德堂的整体构造与附近其他建筑迥然不同，很像是一间浴室。室内天顶及周壁遍砌白釉琉璃砖，顶部开窗。室外有锅台，供烧水之用。西侧有井亭一座，悬石槽引水入锅，烧热水入室。仅从这些内部装修的设备来看，裕德堂的确像是供人们洗澡的地方。

明清故宫是在元代大内宫殿废墟上兴建起来的。据考证，浴德堂建筑即是元代遗留下来的，原是元代大内正门崇天门外元大都留守司衙门里的浴室。清人钱大昕的《元史氏族表》中记载，当元朝统一全国时，朝廷在重用蒙古人、汉人之外，很多回族人也得到了重用。在生活习惯上，蒙古人逐渐脱离游牧之风，把蒙古、汉、回三个民族生活方式融为一体。蒙古人的居室开始是没有浴室的，后来可能受回族礼拜沐浴的生活影响，才在大内宫殿中设浴室多处。另据明朝人萧洵的《元故宫遗录》记载："台西为内浴室，小殿在前。"元末明人陶宗仪的《辍耕录》中记载："延华阁浴室在延华阁东南隅东配殿后。"而且在大内还有专门管理浴室锁钥的机构。武英殿浴德堂的结构布局，正好与元大内"延华阁浴室有小亭"和"台西为内浴室、小殿在前"之安排相吻合。乾隆朝鄂尔泰、张廷玉等人编纂的《国朝宫史》一书中对浴德堂有如下记载："西有浴德堂，为词臣校书之处，设总裁统之。"

故宫博物院原副院长、古建专家单士元先生曾撰《故宫武英殿浴德堂考》

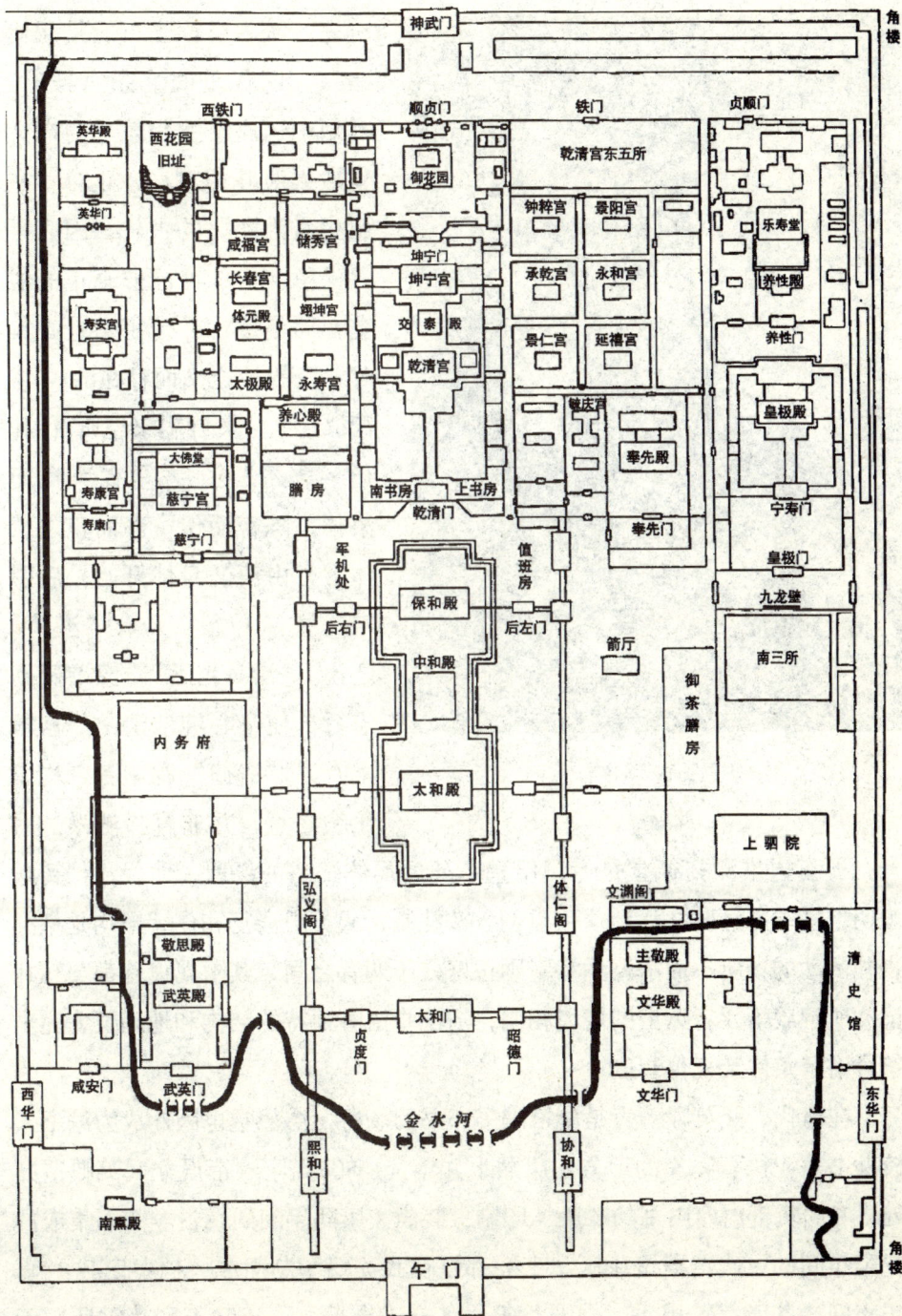

神武门

角楼

西铁门　顺贞门　铁门　贞顺门

英华殿

西花园旧址

英华门

咸福宫

长春宫

体元殿

寿安宫

太极殿

永寿宫

储秀宫

翊坤宫

御花园

坤宁门

坤宁宫

交泰殿

乾清宫

乾清宫东五所

钟粹宫　景阳宫

承乾宫　永和宫

景仁宫　延禧宫

乐寿堂

养性殿

养性门

皇极殿

宁寿门

皇极门

九龙壁

养心殿

膳房

南书房　上书房

乾清门

敬事房

奉先殿

奉先门

大佛堂

慈宁宫

寿康宫

寿康门

慈宁门

军机处

值班房

保和殿

后右门　后左门

中和殿

箭厅

南三所

御茶膳房

内务府

太和殿

上驷院

弘义阁

体仁阁

文渊阁

主敬殿

文华殿

清史馆

敬思殿

武英殿

太和门

贞度门　昭德门

文华门

咸安门

武英门

金水河

西华门

熙和门

协和门

东华门

南薰殿

午门

角楼

紫禁城平面示意图

65

乾隆帝戎装像

一文，认为浴德堂可能是元代建筑。明代重修北京宫殿时，规划中这座浴室与东华门内文华殿大庖井相对称，正合"左厨房右浴室"的古礼，因而得以保留。但该处已非真正的浴室，而是按古礼帝王宫殿必具"浴德澡身"之义而存在的。"浴德"二字，来自儒家经典。《礼记·儒行》云："儒有澡身而浴德，陈言而伏，静而正之。"沐浴，由清洗身体开始，后引申为整洁心态，乃有"浴德"之说。"澡身浴德"，意谓砥砺志行，使身心纯洁清白。宫殿中有以"浴德"题额者，均属比喻之意，并非真指洗澡。另外，还有人推测裕德堂是专门给皇帝死后尸体洗浴的场所。明代，仁智殿为明仁宗举办过殡礼活动这一事例，按礼制，武英殿斋宫和仁智殿均是举办丧礼活动的场所，而浴德堂浴室则正好处于两者之间，其附属设施都与《礼记》所记载给死者沐浴的情境相同，浴德堂浴室独特的结构和地理位置完全符合浴尸条件及礼仪制度。

在清代，武英殿一直是皇家编书印书的场所，浴德堂也因此成为编书人、校勘书籍、执管完文的地方。康熙十九年（1680），康熙帝设立武英殿造办处，专门负责内府图书的雕版、印刷、装潢。康熙年间的《古今图书集成》、乾隆年间的《武英殿聚珍版丛书》都是在武英殿印制而成。档案记载："嘉庆年间，茶库存贮黑香、白芸香等物各有千余斤，一年武英殿蒸露所用无几。"在历史上，书又被称为"芸编"，因为印书的纸张用芸香熏蒸，可免虫蛀。古人用纸有生熟之分，经涂蜡或煮锤者为熟纸，反之是为生纸，染纸则是用水和色浸染。浴德堂的穹隆顶建筑，很可能是修书处装潢过程中熟纸、染纸、染帛等工序所需建之"潢"，相当于现在的积水池。与现代印刷术相比，过去木版印刷过程中，很重要的程序之一，是对所用纸张进行湿润、压平，这就需要一个能大批量处理纸张的地方。因此，武英殿中的浴德堂是最好的一个处理修书的场所。

在《故宫武英殿浴德堂考》文中，单士元对浴德堂后面井亭的那口井也进行了考证，认为井口石头上磨出来的那 15 道、每道深 5 至 6 厘米的深石沟，绝不可能是乾隆一朝一个妃子洗澡就能磨损出来的。

从建筑位置来说，浴德堂属于故宫外朝宫殿，故宫外朝宫殿在清代是处理王朝大政之地，后宫妃嫔一生都严禁到达，更何况在里面沐浴了。

知道了浴德堂的来历、用途和位置就会明白：后妃是不可能在浴德堂内洗澡的。因此，将乾隆帝营建宝月楼、回子营、礼拜寺说成是为了取悦入宫的"香妃"，将故宫外朝宫殿浴德堂说成是"香妃"洗澡的地方，都是没有根据的。

对于这张曾悬挂于浴德堂的《香妃戎装像》，单士元先生在《故宫武英殿浴德堂考》一文中认为，那幅所谓的《香妃戎装像》只是一张皇宫中的"帖落画"（即只有托裱并没有卷轴的画），对此他在文章中写道：

那幅所谓的"香妃戎装像"，只是一张在皇宫中被称为'贴落画'（即只有托裱并无卷轴的画），并对此考证：按清代帝后画像，有生前的行乐图，有死后的影像。在帝后死后，影像藏在景山寿皇殿中，以便岁时供奉。行乐图在帝后生前藏于宫中，死后与影像同贮一处，间亦有帝后影像在宫中辟室供奉者，事属个别，此例甚少（溥仪出宫后，只见同治后之像在西六宫悬挂）。而所有影像均裱成立轴，以贴落存者在行乐图中则有之。所谓乾隆的香妃画像，即为贴落。按帝后妃嫔等画像，不论是属于影像或行乐图，均应有帝后妃等的封号，影像则要写上死后的谥号，一般都无臣工画家题款之例。检故宫所藏《宫廷画目录》，在行乐图上有画家题款者，只在乾隆一幅行乐图上见之，其他各朝则未之见。至于后妃行乐图上，则从无画家署名。影像只在画前封首写明某后某妃的封号，用以识别所画者为谁。承德避暑山庄运来的所谓香妃画像，即属贴落，当然无轴封首，不能注明某妃，若真为一个妃子画像，亦不能有画工之题款。此画多年来传说为西洋人所绘，惜原画像远在台湾，北京存有三十年代的摹本。1915 参与搬运承德避暑山庄文物的曾广龄先生，还健在之时，笔者向曾老请教此事，答曰："原画上有一黄签，题为《美人画像》数字，据此则非后宫有名号之妃嫔可知"。

另外，单士元老先生还曾有这样的回忆："那时，古物陈列所的人根据民国政府内务部一官员说的'这大概就是香妃'，并考虑到当时社会经济效益商定的，是没有查史料的，是错误的，是一种不负责任的行为，是应该纠正的。"

然而，这里有一点很值得注意，即单士元先生与朱家溍先生在询问此画像运办的经办者曾广龄先生时有一点出入，一说此画像上没有"签子"，一说此画像有签子并原签子上写有"美人画像"字样，不知两种说法到底哪个

《御苑春蒐图》局部

对。但不管怎么说，有一点可以肯定，此画像上没有标"香妃"字样。

从上可知，《香妃戎装像》来自皇家行宫，此画的真实性是可以肯定的，但不能因此就确定此画像的作者是郎世宁，更不能确定其画像上人物就是传说中的"香妃"。

另外，与此画像极为相似的还有《御苑春蒐图》，该画面为：御苑的背景下，乾隆帝骑着一匹佩戴红缨銮铃的白马，"香妃"骑着白色花瓣马紧随其后，在两匹马的身后有两名太监。这幅绘画在技法上十分的拙劣，画像的人物表情十分呆板，乾隆帝所穿的甲胄是阅兵时的礼仪装束，香妃的着装则完全是模仿那张"戎装像"。这幅画像给笔者的第一感觉就是拼凑的赝品，因为据故宫所藏的乾隆帝狩猎画像来看，乾隆帝狩猎时均着猎装，不可能穿这种大阅礼甲胄行猎，而所谓的香妃着装，更像是《香妃戎装像》的翻转画面，因此笔者怀疑这幅《御苑春蒐图》画像是后人仿照伪造的。

也有人考证说《香妃戎装像》是乾隆帝的十公主——和孝固伦公主。其理由是：乾隆帝的这个公主喜爱男装，常和男孩子在一起玩耍，并经常与乾隆帝一起出巡打猎。史书记载，乾隆帝十公主"性刚毅，能弯十力弓，少尝男装随上较猎，射鹿丽龟，上大喜，赏赐优渥。"因此，有人判断此《香妃戎装像》与《御苑春蒐图》是同一版本的女性，都是乾隆帝的十公主。由于没有其他的详细史料附证，对此，笔者不敢苟同。

第二幅：香妃洋装像。

此画像是北京故宫南薰殿旧存的一张仕女像，纵 147 厘米，横 71 厘米，现

香妃洋装像

藏于台北故宫博物院。此幅画像的画面为：一身穿西式长裙的全身洋装像的年轻女子，左手扶一木质小铲，右手扶一花篮，头戴西式小帽，安和端详，懒懒依坐，双目凝视，若有所思，有如红楼梦中黛玉葬花。此画被收入《郎世宁画集》，当时这幅画像被题为《香妃燕居图》。1955年，北京故宫曾把它题为"香妃像"。实际上，这幅画像同样没有题记与落款，史书中也没有记载，其来源也不清楚。如果仅从服装上就判断此画像是"香妃"的话，未免有些过于武断。

另外，与此画像人物服饰和绒帽极为相似的还有一张乾隆帝与香妃在圆明园畅春园的《长春园香妃扈跸阅鞠图》画像，画面为：在西洋楼前，乾隆帝穿龙袍侧身坐在太师椅上，身旁侍从一撑龙伞，一捧茶茗；左侧，洋妆长裙的香妃，头戴草帽，发插羽毛，正襟危坐，左旁侍女，手托茶盘侍候。同样，这幅画像的真实性尚需考证。目前，该画像被日本东京国立博物馆收藏。

《长春园香妃扈跸阅鞠》图局部 乾隆帝与香妃像

第三幅：香妃旗装半身像。

此画像现也被收录到《郎世宁画集》，该书记载此画收藏于宋美龄手中。这幅像画的是一位穿红色旗袍，梳满洲大翅头的少妇，人物面目清秀安详，戴有耳环，雍容华贵。有人说，此幅画像是东陵大盗匪首孙殿英贿赂宋美龄的礼物之一。笔者对此保留看法。孙殿英的文化素质和修养极为低下，对慈禧陵和乾隆陵最为珍贵的书画都不重视，更何况是妃园寝中一幅极为普通的、没有标明是哪个妃子画像呢？因此说，如果拿这样的一幅画像作为礼品送给宋美龄，在常理上也说不通。

传说中的"香妃"旗装像

这是一幅在瑞典拍卖了 60 万克朗的画像。据说该画像是具有郎世宁风格的"香妃"画像，此画原属 Erik Nystrom 教授（中文名"新安富"）

网上流传的香妃旗装像 1

网上流传的香妃旗装像 2

网上流传的香妃旗装像3

香港出版的《旗装妇女肖像邮票》

关于"香妃"穿旗装的记载，只在《清宫十三朝演义》中有这样的一段描述：

第二天皇帝坐朝，那刑部满尚书出班来，正要奏请把那回囚犯妻发还，乾隆皇帝知道他的意思，不待他开口，便说道："霍集占大逆不道，屡抗皇师，朕愿意将他夫妻正法，只因他罪大恶极，朕昨夜已先拿他的女人糟蹋了！"言毕，便哈哈大笑。一时文武官员听了，都十分诧异，大家面面相觑。殿角钟鼓声响，皇帝已退朝了。谁知那霍集占的妻子，却是十分妖冶的，乾隆皇帝上了手，便夜夜舍她不得，把她留在景仁宫，朝朝取乐，封她为回妃。第二年，便生下一个皇子。皇帝越发宠爱她。回妃说生长回部，不惯清室的起居，乾隆皇帝便下旨意给内务府，叫他在皇城海内造一座宝月楼，楼上造一化妆台，高矗在半天里。楼大九间，四壁都嵌着大镜，屋子里床帐帷幕，都从回部办来，壁上满画着回部的风景。这宝月楼紧靠皇城，城外周围二里地方，造着回回营。回妃每天依在楼头盼望。有时回妃起了家乡之念，不觉潸下眼泪，皇帝极意劝慰，拿了许多珍宝来博她的欢心，回妃回嗔作喜，便和皇帝在密室里淫乐一回。那密室建造得十分精巧，壁上用金银珠宝嵌成精细的花纹，满地铺着厚软的地毯，室中除一衣架外，一无所有。北向壁上嵌着一面大铜镜，高一丈五尺，宽六尺，人走在室中，一举一动都可映像出来。皇帝和回妃天天在室中调笑取乐。如何取乐法，外人却不得而知。第三年上，回妃又生了一个皇子。皇帝便把回妃改作旗女装束，去拜见太后……

这幅《香妃旗装半身像》与《香妃洋装像》一样，其来源地不明，无法辨别，而且在清朝诸多的后妃像中，从没有见过有这种服饰和发式的，所以不能确定这幅画像就是"香妃"像，只能说这幅画像最接近人们心目中的"香妃"形象。此画像曾在香港被印刷成邮票，定名为"十九世纪香港画像"，并且其服装颜色为蓝色。但邮票上只说是"清人旗装像"。

目前，这幅画像在当今社会上流传最广、影响最大。

第四幅：容妃吉服像。

吉服，是古代帝王后妃等在庆寿、大婚、赐宴等吉庆活动时穿的服装。吉服的种类很多，包括皇帝龙袍、皇子、宗室蟒袍（王公品官及命妇的蟒袍）、后妃们的龙袍、龙褂等。这一幅《容妃吉服像》据传是太仓陆夫人摄于乾隆帝的妃园寝。

著名清史专家孟森教授逝世前的最后一篇著作《香妃考实》中记载了这幅画像的来源：

民国二三年，陆文慎宝忠之子妇，徐相国郙之女太仓陆夫人游东陵，至容妃园寝，至一处，守者谓即香妃冢。凡陵寝园寝缭殿有遗像，一大一小，小者遇有祭祀即张之，大者年仅张设一次。陆夫人以香妃之传说甚庞杂，亲至其园寝，始知流言之非实，请于守者，以摄影法影容妃像以归。所摄

供奉裕陵妃园寝的容妃神像

73

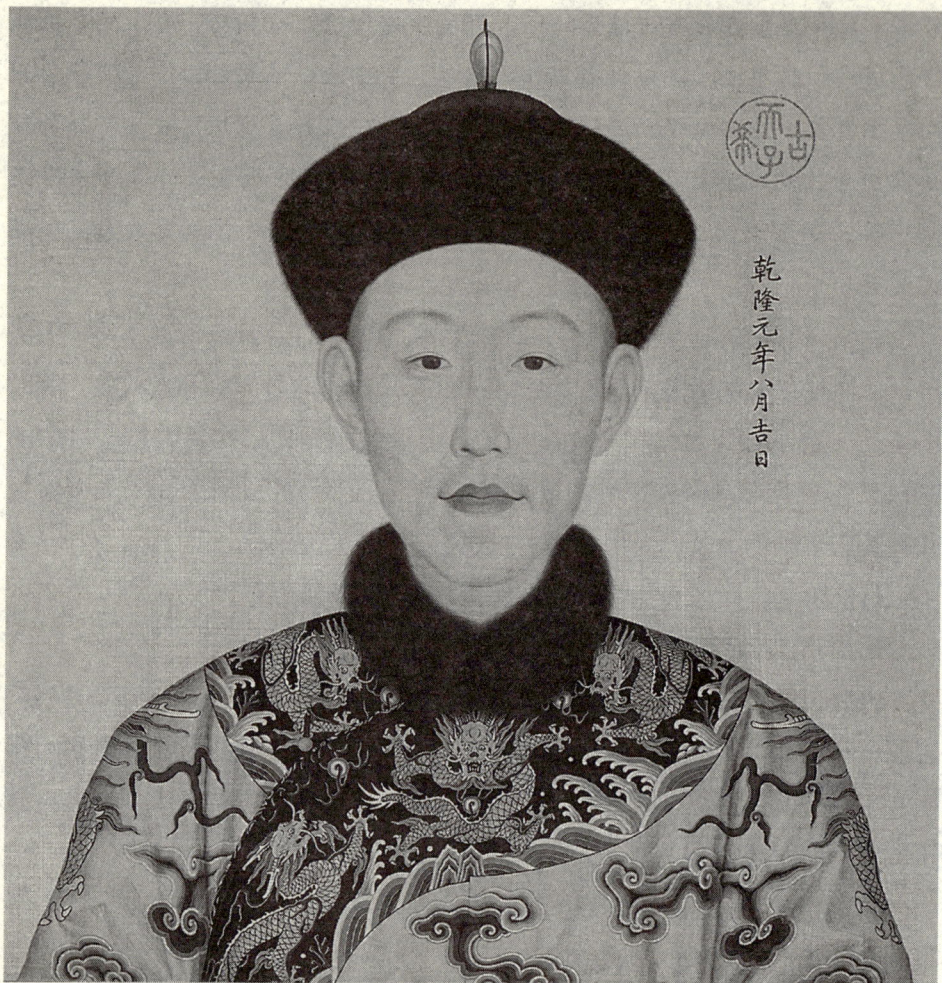

乾隆元年八月吉日

乾隆元年乾隆帝画像

乃其小者，大像封扃未得见也。

在此文后，孟森教授还附有陆夫人所拍摄的"香妃"画像，只是由于是影印，又经过多次影印，所以很不清楚。但通过这段文字我们知道，这幅《容妃吉服像》的来源地明确，时间明确，收藏、摄影者也明确，画像的真实性应该说是比较可靠的。但是，画像上的人是不是就是的"香妃"，现在还是不能确定。因为画像上同样没有题记和落款，拿不出能证明这画像上的人就是"香妃"的有力证据，只是守墓者说是"香妃"像而已。在《昌瑞山

皇后画像（孝贤皇后）

贵妃画像（慧贤皇贵妃）

嘉妃画像（后来的淑嘉皇贵妃）

令妃画像（后来的孝仪皇后）

万年统志》和《陵寝易知》这两部由陵寝官员编写的专著以及清宫档案《陈设档》中，均无妃园寝有妃子画像的记载，所以，对太仓陆夫人在裕妃园寝见到"香妃"像一事，笔者曾有所怀疑，不能贸然相信。最近在浩瀚如烟的清宫档案中，发现有这样一条史料可以证明清末民初确实有乾隆帝容妃画像存在世上：

舒妃画像

庆嫔画像（后来的庆恭皇贵妃）

颖嫔画像（后来的颖贵妃）

忻嫔画像（后来的忻贵妃）

毓彭在民国十四年旧历八月十七日，给天津张园胡大人信中说："……护理总兵张之庆于毓彭未到任以先，听本地奸人之计划，视陵寝为奇货可居，凡官产官物一律排（作者按：应为拍）卖。各陵瓷器一百二十余件业已装箱运走，当铺所存软件，现正查点出售。红墙以内树株擅自砍伐。桃花寺

惇妃画像

顺妃画像（后来的顺贵妃）

循嫔画像（后来的循贵妃）

行宫早已变价。其余裕陵圣容及蓉（编者注：此处应为"容"字）妃圣容均行携入署中。仓房官所任意标价出售。独收私垦之租，强占守护之府。观其行为，非将陵寝一网打尽不止。毓彭因病未能往见，而张之庆即于毓彭到任次日遂赴京津运动实任，并填写排卖官物官产表册，请示张少帅，现在尚未

77

回任。该镇如此行为，将来能否与之合作，实难预料。

这条史料可以清楚地表明，遵化的清东陵确曾有过容妃像，由此可以推断，当年太仓陆夫人所拍摄的画像应该就是被张之庆携入署中的那幅容妃像。

对这幅画像的考证，可以参照"心写治平"画卷。此画卷为郎世宁所画（部分），绢质，全长 7.79 米，宽 0.53 米，从左至右，依次是画有：弘历、皇后、贵妃、纯妃、嘉妃、令妃、舒妃、庆嫔、颖嫔、忻嫔、惇妃、顺妃、循妃 13 人的画像。在乾隆帝的画像旁写有"乾隆元年八月吉日"8 个字，画面上钤盖着"古稀天子宝"、"太上皇帝之宝"、"八征耄念之宝"和"五福五代堂古稀天子宝"五方印。乾隆帝把此画像装在一个雕刻精细美的红漆盒中，并亲笔御题"心写治平"。画像中的人物，均头戴冬吉服冠，身着冬季龙袍，当属宫廷生活的真实写照。其中的乾隆帝、皇后和贵妃三幅画像，与北京故宫博物院所藏的乾隆帝、孝贤皇后、慧贤皇贵妃大幅全身朝服像，如出一人手笔。尽管服饰稍有变动，而面庞神态则一模一样，从绘画技巧及设色风格来看，包括纯妃在内的这四幅画像均应出自宫廷画师郎世宁之手笔。其余画像，很可能出自郎世宁弟子或其他画师之手。这些判断主要是根据人物画像的封号就可以确定她们的年龄和绘画时间，并由此判断绘画之人是谁，只要是绘画时间晚于乾陵三十一年的，均不是郎世宁所画，因为郎世宁是乾隆三十一年病逝的。

乾隆帝与 12 位后妃肖像图卷，从服饰色彩到顶戴佩饰，以及面部表情都是一丝不苟的按照严格等级精心绘

《威弧获鹿》画卷卷首

《威弧获鹿》图像轴

制的，是专供乾隆帝观赏而不是画给外人看的。这些真实写照的后妃肖像，充分显现出了这些人物在宫廷中地位的差异。

将这 12 位后妃的容貌之与太仓陆夫人所摄香妃画像相比，无论人物形象、冠服样式，还是绘画手法，基本是一样的。宫廷绘画多是写实作品，水平再高的画师也不敢为宫廷主人所画的画像张冠李戴。由此可知，陆夫人所摄的东陵的容妃像同是源于皇家的正式画像，这就更进一步表明了陆夫人所摄"香妃"像的可靠性。此画像更可以肯定是唯一幸存下来的容妃的画像。如今，"心写治平"卷原件保存在美国克利弗兰博物馆内。

通过上述对四幅画像的分析和比较，笔者认为，把第四幅画像说成是容妃即传说中的"香妃"画像是目前是最权威的说法。

除这四幅单人画像之外，珍藏北京故宫博物院的《威弧获鹿》手卷上也有容妃的画像。

清代织锦《威弧获鹿》卷轴画套，长 36 厘米，直径 6.5 厘米，现藏于故宫博物院。画套是中国卷轴的典型包装形式，此画套为杏黄色的金线织锦，压黑色包边，画套上的白玉别子仿汉玉蝉形。

据说，这是目前唯一经过故宫专家鉴定过的容妃画像。故宫专家得出的结论是：目前最有可能留下的历史上容妃真容的一幅画像。画中的容妃高鼻深目，肤白如雪，身穿传统的维吾尔族服装，与乾隆帝一前一后策马逐鹿，乾隆帝搭弓，容妃递箭，举止行动甚是和谐。

《威弧获鹿》图像轴中局部"容妃"像

1984 年，故宫专家杨伯达先生在《紫禁城》杂志第 1 期上发表《清代回装妃嫔像》一文，文中对此画像有详细分析：

回装妃嫔像是《威弧获鹿》手卷中的一个人物。全图以枫柞松柳，坡砣山崖为背景，描绘乾隆皇帝驰骑挽弓而射，矢中鹿肩，即将倒毙。一回装妃嫔骑马紧随弘历并递上一矢。从弘历，回装妃嫔面相和骏马来看，当出自西方传教士手笔，而坡石树木是由如意馆画画人所绘，就是传教士与如意馆画画人合笔构幅。可能是乾隆木兰秋狝，有一次获鹿的真实记录。虽然宫内表现弘历射鹿之图尚多，但由妃嫔陪同射获的木兰秋狝图，仅此一件，尤其表现回装妃嫔追随弘历秋狝，更是难能可贵了。

……

回装妃嫔像，头戴红纽缨冬冠，长辫垂于背后，肤白，前额稍突，目深陷，翘鼻，高颧，唇厚，身穿正黄色地拜丹姆纹长袍，外套立领背子，胸前挂一长方形盒。冠，清制；衣服形式花纹均系回部即维吾尔族。查乾隆妃嫔，只有容妃和卓氏来自回部。乾隆二十五年入宫。从画卷容貌判断，当在三十岁上下，正是由和贵人封为容嫔之后的五六年之内。这样，便与弘历五十几岁像大体相符。

对于这幅画像，虽说这幅画像是经过了权威专家的鉴定，但还没有得到大多数的专家认可。而此女性人物面貌是侧冠，不是正冠，人物面貌的正冠像与侧冠像之间是有很大差异的，考证一个很有争议的历史人物是需要严谨、务实、求真态度的，所以其争议目前还很多。另外，依旧有人认为其中的女性为乾隆帝的十公主。此画因没有明确的档案记载，从而画的作者、时间、画中人物也没有最终定论。而杨伯达先生在对此画像考证时，只是简单地认为，"可能因涉及他与妃嫔行秋狝之礼，不便公开而未著录。"笔者经仔细观察此画像，认为杨伯达先生说的与画像有不太符合之处，杨先生说此女子穿的是回装，长辫垂于背后。但画面上那女人上身外罩坎肩，双箭袖外衣，这似乎有点像满族服装，并且画像上的女子两条辫子不是垂于背后①而是垂于胸前。

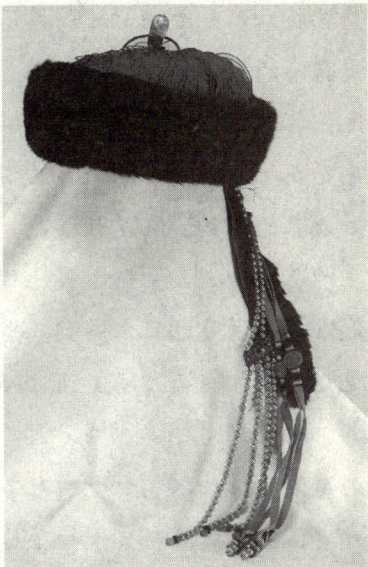

妃嫔吉服冠

由于对此画人物的服装和发式不熟悉，为此笔者专门请教了曾在新疆生活工作二十余年的王世杰研究员。王世杰认为，仅凭画像的服装很难判断人物的民族，因为此服装的样式是典型的满族服装，服装的图案虽酷似维吾尔族喜爱的巴旦木，但却不是巴旦木。巴旦木是一种扁桃，形状扁而长，原产古波斯（现伊朗），其名称为波斯语的音译。新疆的南疆是中国巴旦木主要产区，喀什地区的栽培历史已一千多年之久。巴旦木扁桃的形状深受维吾尔族的喜爱，其图样（含变形图案）广泛出现于花帽，头巾，绸料之上。人们把扁桃的形状，或变宽或变窄，或加长或缩短，或把桃尖变成卷曲状，变化形式很多。因此，对于《威弧获鹿》上女子服装上图案的理解，他这样写道：

递箭女子衣着上的图案，是由两种图案单元构成。其一是淡黄色的羽毛状图形，粗看外形与巴旦木有些相似，细看则与巴旦木完全不同。巴旦木果实表面基本光滑，巴旦木树叶也形如柳叶，外缘光滑，而此图形则外侧边缘

---

① 注：此处说女子两条辫子垂于背后，不排除是文章编校错误，现在无法确定。

为曲折，形如大锯齿。严格地讲，这淡黄色的图形更像花叶，一种比牡丹叶更狭窄的锯齿边缘的叶子，并在基部带有叶柄，甚至看出叶脉，总体形似羽毛。其二是面料上布满了折枝的花卉，花朵为五瓣或六瓣组成，花为粉白色，花萼下是一根长长的成"S"形的花柄。而自然界里的巴旦木花，没有如此长的花柄，它是如桃花、杏花那样，花柄很短很短，花萼几乎就是直接生长在枝条上，紧密成簇地拥挤在一起。所以，递箭女子衣着上的图案，不能准确地说是巴旦木图案。当然，不排除画匠描画有误的可能性，他们没有见过巴旦木的花、果，绘画时，加上了自己的想象，加上了自己错误的理解，把巴旦木图案画成了这个样子。但画像女子的两根较长的大辫子发式，则与这与维吾尔族妇女的习俗相一致。维吾尔族少女时，常是扎多根细小的发辫，甚至数目与少女的年龄相同。而成年女子则多为两条发辫，已婚女子更是如此，且辫稍散开，一般不用头绳绑扎，有时也会把长发辫盘结成发结……无法依据该画的面部形象断定她是西域人种。

但综合比较分析后，王世杰研究员和杨伯达老前辈的结论是一样的：此画像女子很可能是档案中记载的容妃。

尽管如此，笔者认为，此幅画像在没有查到确凿的文字记述之前，还不应该过早地就下结论。

另外，在此文章中，杨伯达先生将前面那幅《香妃戎装像》定为乾隆帝的和孝公主像或者和孝公主母亲惇妃像。杨伯达先生的这些定义性质的论断，为"香妃"画像之谜更添加了一些神秘色彩。

第二节　调查真假"香妃"墓

"香妃"，这个历史人物留给了人们太多的遐想与迷惑，仅她的葬地就出现了三处。即新疆喀什市浩罕村的阿帕霍加墓、河北省遵化市的清东陵裕陵妃园寝和北京的陶然亭。

新疆喀什的阿帕霍加墓，又称香妃墓

　　"香妃"死后能身葬三处吗？当然不会，从传说和史册记载中都未发现"香妃"有分葬三处的记载，也没有"香妃"衣冠冢的记录，更没有"香妃"做假冢的传说。既然这三处都称葬有"香妃"，这其中必然有误称或假冢。那么，我们就来看看"香妃"到底葬在了哪里。

　　在新疆喀什市东北郊区5公里处的浩罕村有一座规模宏大、具有维吾尔族风格特色的古墓群——阿帕霍加墓，现在人们则多称为"香妃墓"。

　　阿帕霍加墓占地30亩，始建于明崇祯十三年（1640），由门楼、小礼拜寺、大礼拜寺、教经堂和墓室五部分组成。在墓地通向陵园的路面上铺有阳刻的维吾尔族花纹的地砖。

　　墓地的主体建筑是位于建筑群东部的主墓室，是一座近似长方体的庞大建筑，上面为方体圆顶，底面面阔36米，纵深29米，高27米。四个角上各立有一座半嵌在墙里的巨大砖砌圆柱。这些圆柱底大顶小，底圆直径约3.5米。圆柱的顶上，又各有一座圆筒形的小召唤楼，楼顶为一弯新月。主

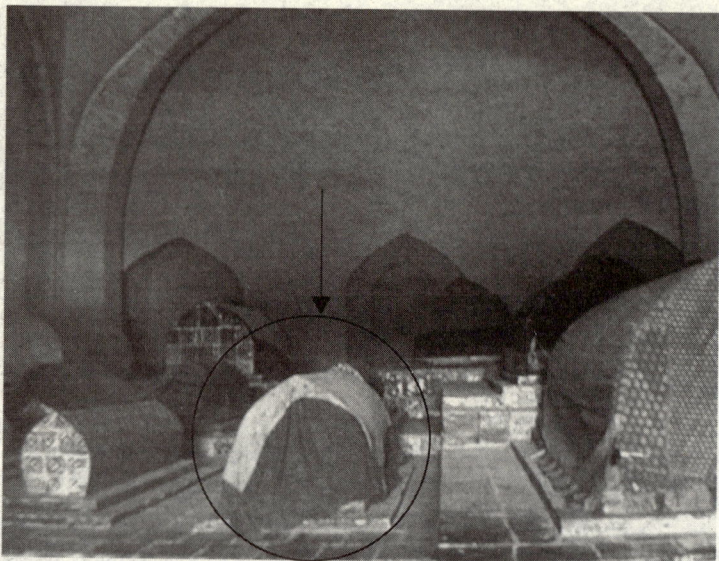

传说的"香妃"墓（图中正中的坟墓）

墓室屋顶中央为一半球形巨大穹窿，其圆拱直径长达17米左右。圆拱顶上有一座筒形小楼和一弯月牙。墓室四周的墙上，由绿色琉璃砖贴面，间以黄色和蓝色瓷砖镶嵌。瓷砖表面大多绘有彩色图案和花纹，有的还写有波斯或阿拉伯警句，给人以深沉、庄严之感。墓室内的墓台上，排列着大小不等的许多坟墓，墓台和坟墓是用各色琉璃砖砌成的，有些坟墓还加盖有一层不同颜色的布罩，在墓室里右上角有一座小墓堆，相传为"香妃墓"。然而，最引人瞩目的是还是在墓地放有一乘驮运尸体用的陈旧的驮轿。驮轿也叫灵轿，就是由骡子驮运棺木用的一种形状类似轿子的运输工具。据传，此驼轿就是当年运送"香妃"和她哥哥图尔都尸体回喀什使用过的。

按照当地的普遍说法，这座墓地共葬有阿帕霍加5代72人，而现存只有58个墓堆。

据史料记载，阿帕霍加墓是"香妃"的曾祖父阿帕·霍加为他的父亲阿吉·穆罕默德·优素福·霍加修建的。阿帕·霍加死后也埋葬于此，后来，其家族的一些人死后也陆续葬在这里。这座墓经过不断的修缮、扩建，历经300多年才形成今天的规模。当地人又称阿帕霍加墓为"海孜来特麻扎尔"，译意为"尊者之墓"，也有人称为"阿帕克和卓麻扎尔"的，因此又简称"和卓墓"，这两个维吾尔语名称直到现在仍被沿用。

阿帕霍加墓何时又有香妃墓之名的，文献上没有明确日期记载。据纪大椿先生的《喀什"香妃墓"辨误》一文考证，在光绪三年（1877），清军随军参事萧雄曾到过新疆喀什噶尔，光绪十八年（1892）客居长沙时，"旅馆蓬窗，兀坐无聊，回思往迹，神游目想，搜索而成篇，共得四十余首。"其中有一首《香娘娘庙》诗，诗中的"香娘娘庙"写的就是这座墓地，也就是说，这座墓地被称为"香妃墓"这个名字不会晚于1892年。目前，这是在时间上发现最早称为"香妃墓"的记载。

光绪三十三年（1907）刊印的《王湘绮先生全集》中虽有"回妃"这个词语，但并没有提到死后葬地是在哪里。但时间是到了1920年，谢彬在《新疆游记》中却直接称和卓墓为"香娘娘庙"和"香妃墓"。守墓的阿訇[①] 只是说"大者男坟，小者女坟，皆香妃亲属而已。"当"询守墓阿訇香妃何在？皆莫能对。"这就是说，当时守墓的阿訇并不知道"香妃"埋在那里。1945年，徐灵风在《新疆内幕》中写道："香妃墓的阿訇说那右角的小坟是'香妃'的，但是又有人说是中间那较大的一个。"这说明在1945年时，守墓阿訇虽

---

① 阿訇 (Akhond)，中国伊斯兰教教职称谓。波斯语音译，意为"教师"、"学者"。亦译"阿衡"、"阿洪"、"阿宏"等。约自明代后期胡登洲开办经堂教育时起，中国穆斯林开始称教授经义的教师为阿訇，后逐渐流行。其地位名列"三道"制或"五道"之下。18世纪末，随着"三道"制的衰落，阿訇才基本上取代"三道"制，跃居首位，成为清真寺的主要负责人。今为由清真寺经堂大学或经学院"穿衣"毕业，具有较高宗教学识的宗教人员—的通称。
一般担任小寺阿訇的条件是：必须受过经学教育，懂得基本教义和教法，能诵读、通晓《古兰经》；能为经堂中小学生授课。担任大寺阿訇的条件是：通晓13本大学经典，熟悉教法、教义；能胜任教授大学学生；品学兼优。阿訇在中国受到穆斯林的尊敬和享有较高的社会地位。因教众大多不通阿拉伯文，对于诵经、了解经义都有很大困难，对教法礼仪也知之甚少，故需阿訇来教育、讲解、引导并代为执行。阿訇的职责是"替圣传道"，领导穆斯林从事宗教活动。回族人家的宰牲工作一般都由阿訇代劳。《古兰经》上讲："禁止你们吃自死物、血液、猪肉，以及诵非真主之名而宰杀的、勒死的、捶死的、跌死的、抵死的、野兽吃剩的动物……"宰杀动物时，首先要诵念清真言："比思敏俩习，安拉平艾克白尔"（意为"以安拉之名，安拉至大"），而宰牲者必须是纯正的穆斯林，对宰杀动物的条件、工具、方式甚至宰杀的部位，都有相当详尽的规定，简直是将这样一种技艺当成了一门艺术。

新疆喀什阿帕霍加墓驼轿旧影

然已经认为"香妃"葬在那里，但还不能确定"香妃"的具体埋葬地点。

新中国成立后，随着"香妃"名气的不断增大，守护喀什墓的人已经可以毫不含糊地告知"香妃"葬的准确位置了。但还是无法说出是哪一年确定"这里就是香妃的位置"的。

从以上资料可以看出，守墓者是根据"香妃"热的不断升温和旅游形式的需要而确定"香妃"的葬地位置的。这座墓在乾隆六十年（1795）曾进行过较大规模的维修，是乾隆帝降旨由朝廷拨款的。而这座墓早在1640年就已出现，"香妃"则是民国时才流传开的人物，把两百多年前就已有的陵墓说成是"香妃"墓，这多少让人感到有些牵强。再者，在封建社会，已婚妇女死后，一般都要葬入婆家坟地，很少有将遗体运回娘家下葬的。更何况在封建社会，皇帝有九五之尊，享有至高无上的权力，因此无上尊贵的乾隆帝也不可能有放下皇帝的尊严，容忍自己的妃子死后葬入娘家墓地。

对于墓室里的那架驼轿，纪大椿先生在《喀什"香妃墓"辨误》一文中考证，如果因为有这架驼轿的存在而说香妃葬在喀什，那就太强加牵扯了。至于这架驼轿到底托运过什么样人的尸体，根据一些历史记载，很可能驼运的是居住在北京的回族贵族，并且是男尸。

从以上分析中可以确定，新疆喀什阿帕霍加墓中并没有葬香妃，之所以有人把这座墓称为"香妃"墓，是由于当地人想提高该墓的知名度，扩大其影响，以致以讹传讹，越传越广。其实，即使喀什的阿帕霍加墓不被称为"香妃墓"，也丝毫不会降低它的历史意义极其珍贵的文物、建筑艺术价值。也有人说喀什的和卓墓是"香妃"的衣冠冢，其理由有两条：

一、乾隆帝维修喀什和卓墓不仅是为笼络回部做出来的姿态，更说明了对"香妃"的宠爱。

二、新疆回族人为了怀念和自己的亲人，特意为"香妃"作了衣冠冢。

但不管怎么说，把新疆喀什市的阿帕霍加墓称为"香妃"墓是不妥的。

不过，从阿帕霍加墓称为"香妃墓"来看，新疆当地人也认为，"香妃"没有因为是乾隆帝的宠妃而被皇太后赐死。

考证了新疆"香妃墓"的真伪后，再来看看葬在河北省遵化市境内的被称为"香妃"的乾隆帝容妃墓的记载。

经过查阅大量的清宫档案，有关乾隆帝确有一位来自新疆的维吾尔族妃子的记载如下：

在《清史稿·列传·后妃》中有对乾隆帝的容妃这样记载：

容妃，和卓氏，回部台吉和札赉女。初入宫，号贵人。累进为妃。薨。

而成书于民国十一年（1922）十月、由江苏人唐邦治编写的《清皇室四谱》，其《后妃谱》中这样记载乾隆帝的容妃：

容妃和卓氏，台吉和扎麦女。初入宫赐号为贵人。乾隆二十七年五月，以克襄内职，册封容嫔。三十三年十月，晋容妃。五十三年戊申四月十九日，卒。

作为清朝官书的《清文献通考》，编写时间是乾隆三十六年（1771），其《帝系考》中也记载有乾隆帝的容妃的条目：[①]

容妃和卓氏，台吉和扎麦女。乾隆二十七年五月，封容嫔，三十三年六月，晋封容妃。

下面的这些清宫档案，明确记载乾隆帝的容妃死后葬在了遵化境内的裕陵妃园寝内：

---

① 注释：《清皇室四谱》与《清文献通考》两书容妃晋封的日期之所以不一样，是因为前者的六月是诏封日期，也就是皇帝颁发上谕的日期，后者的十月是正式举行册封礼的日期。两书并不矛盾。

内务府来文：

……准内务府文开：（乾隆五十三年）九月十七日仪郡王带领阿哥等位具送容妃金棺往东陵妃衙门永远奉安……

礼部文：

礼部为知照事。祠祭司案呈，本月十七日起送容妃金棺至东陵妃园寝永远奉安，本部派出员外郎兴麟、笔帖式舒兴阿送往，相应知照内务府查照可也。

光禄寺文：

光禄寺为公务事。准礼部文开容妃前于九月十六日预行奉移礼致祭，办连饭桌十三张。十七日金棺奉移，沿途分为五宿，每宿供饽饽桌一张。二十二日抵纯惠皇贵妃园寝，至二十三日，每日芦棚内仍供饽饽桌一张。二十三日预行永远奉安礼致祭，办连饭桌十三张。所有各处应用桌张相应行文贵衙门查照办理可也。

掌仪司文：

掌仪司为知会事。本月十七日辰时奉移容妃金棺，于十六日行奉移礼致祭。二十五日卯时永远奉安。于二十三日行永远奉安礼致祭。为此知会。

东陵内务府文：

东陵内务府总管衙门为行取事。孝贤皇后陵（即后来的裕陵，因当时只葬入了孝贤皇后，乾隆帝尚未入葬，所以只能称孝贤皇后陵）内关防衙门案呈：恭查容妃金棺于本年九月二十五日永远奉安于纯惠皇贵妃园寝，其所需铜器俱经广储司照例造送交在案。惟查容妃位前供茶应用暗龙黄磁碗未经送到。理合呈明咨呈内务府转交广储司磁库。发给暗龙黄磁碗二个以备应用。

关于容妃葬入清东陵裕陵妃园寝的档案很多。清东陵的守陵大臣们在记载东陵祭祀、礼仪等事项的《昌瑞山万年统志》和《陵寝易知》两部书里都非常清楚明确地记载容妃葬在了裕陵妃园寝内，并绘有详细的葬位图。

因此肯定地说，容妃死后，乾隆帝将她葬在了今河北省的清东陵的裕陵妃园寝，简称为"裕妃园寝"，俗称裕妃陵。后来因容妃的名气越来越大，所以当地人也称其为"香妃陵"。

裕陵妃园寝享殿三间暖阁中的东暖阁记载有容妃的神牌位次

另外，还有人认为，"香妃"被俘进皇宫后，因不顺从乾隆帝被皇太后赐死，死后被葬于北京陶然亭北的丛芦乱苇中的一土堆下。在土堆旁还竖有一碑，铭云：

浩浩愁，茫茫劫。短歌终，明月缺。郁郁佳城，中有碧血。碧亦有时尽，血亦有时灭。一缕香魂无断绝，是耶非耶？化为蝴蝶。

这段记载可见于《满清稗史》中《新燕语》卷下的《香冢》，现在这块碑已不复存在了。然而，在这篇45个字的碑文中，既没有指出内葬人是谁，也没有指出内葬人入葬的日期，更没有碑文撰写者的姓名。只是由于碑文中有"一缕香魂"字样，这个土堆坟就被当地人称为"香冢"，于是便有人据此称这座土坟葬的就是"香妃"。如果仅凭这些无法考证的记载和传闻就将乾隆帝的"香妃"说成葬在了这个荒草土堆内，实在有些牵强附会，难以令人信服。

那为什么会有人称这个无名冢为"香妃墓"呢？因为这个冢的名字叫"香冢"，这是许多人认为这就是"香妃"葬在这里的唯一依据。据文献记载，这个冢在咸丰年间就已经存在了。据说是一些多情善感的人效仿林黛玉寄托哀思堆起的葬花冢，文人墨客嫌弃"葬花"不雅，所以改名"埋香"，后来口口相传，逐渐叫成了"香冢"。甚至有人因此相传皇太后怕乾隆帝悲伤过度，特选一个与"香妃"容貌相似的美女送给了乾隆帝，也赐名"香妃"。《燕京杂咏》上也有这样的记载：

万芦遥拜一碑孤，年月封题姓氏无。

四十五言铭古冢，埋香瘗恨总模糊。

从上面文字很容易看出，之所以有人这样认为，就是因为那一篇45字的碑文所致，后又因乾隆朝确实有一个称"容妃"的女子来自新疆。此说法实在不足为信。

在民国二三年间，看守清东陵裕陵妃园寝的人说陵寝里面有"香妃"冢，享殿内有大、小两张"香妃"画像。清宫档案和东陵笔记中明确记载着容妃葬入了裕陵妃园寝内，其陵图里也清楚地标识着容妃墓位于前二排东数第一位。那么这座地宫里所葬的人物身份是否与文献所记载的一样呢？容妃墓盗洞的发现，好像是老天有意成全人们这个心愿，特地赐给了一次极为难得的揭开真相的机会。

第五章　开启容妃地宫

当人们从盗洞口进入地宫，不仅第一次正式揭开了清朝妃型地宫的神秘面纱，还发现了很多具有研究价值的重要文物，其中包括丝织物、棺椁和一个女性头骨等。

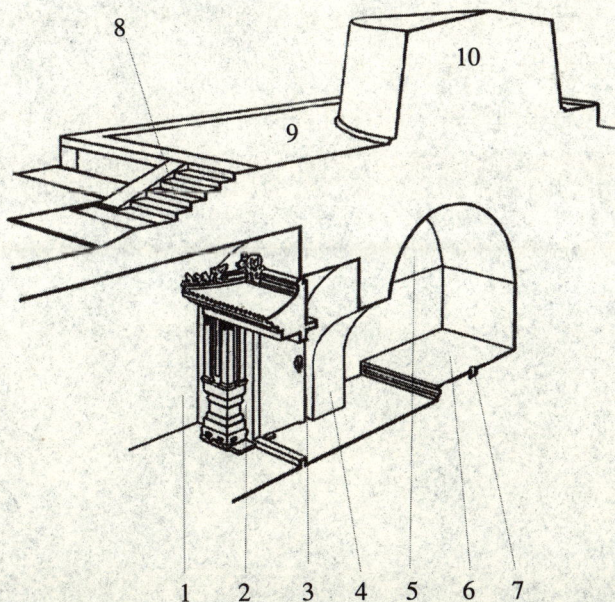

1. 罩门券 2. 石门 3. 门洞券 4. 梓券 5. 金券 6. 棺床
7. 金井 8. 踏跺 9. 月台 10. 宝顶

容妃地宫剖面示意图（绘图：王其亨）

第一节　工作者钻进容妃地宫

在接到清东陵文物保管所要求清理容妃地宫要求后，河北省文化局派赵辉、遵化县文教局派王翠萍来到清东陵指导工作。

东陵人对赵辉太熟悉了。他经常往来于石家庄和东陵之间，传达省文化局领导的指示，协助指导清东陵工作。当年开启和清理裕陵地宫时，省里就是派他来东陵指导工作的。这次省里又派他来清理容妃地宫，可以说他是最佳人选。遵化县文教局派来的王翠萍，经常来东陵，人又年轻又清秀，平易

容妃地宫

近人，与大家都很熟悉，所以人们都亲切地叫她"小王"。东陵文物保管所所长宁玉福陪同赵辉和王翠萍到容妃墓现场进行了详细的察看，决定先对这座地宫进行探视。

地宫里的积水早已安排人员抽出。

1979年10月6日上午，所长宁玉福、赵辉、王翠萍、徐广源、于善浦、高福柱六人早早来到容妃墓盗洞前准备进入。他们将事前准备好的一个长木梯从洞口放入，梯子下端戳在坍落的砖石堆上，上端靠在洞口南沿，放稳后，留一部分人在地面上看守洞口，其余的人顺梯而下。到下面才知道，水虽然抽完了，但地宫里石灰浆还很多，深达20多厘米，根本无法行

裕陵妃园寝的容妃（香妃）地宫石门之铺首

走，只得又叫人从洞口顺下来许多的脚手板，在通向金券方向的泥浆里，放进大砖头，再铺上脚手板。他们踩着脚手板慢慢往里走，边走边看。因为这是第一次进入妃子地宫，所以看得特别仔细。

清朝后妃分为皇后、皇贵妃、贵妃、妃、嫔、贵人、常在、答应八个等级。据档案研究和实地调查，安葬后妃的地宫类型则分为皇后、皇贵妃、妃、嫔和常在、答应五种。皇后地宫为五券两门，即隧道券、闪当券、罩门券、第一道石门、门洞券，第二道石门和金券（以慈禧陵为代表）；皇贵妃地宫为六券一门，即隧道券、闪当券、罩门券、石门、门洞券、梓券和金券（建明楼的皇贵妃地宫）；妃地宫为四券一门，即罩门券、石门、门洞券、梓券和金券；嫔地宫为砖券，有挡券墙，没有隧道；常在、答应的地宫只是一个砖池，即是用砖砌成的一个直上直下的长方形池子，没有券和隧道，是规制最低下的地宫。在这五种后妃地宫类型中，其中裕陵妃园寝的地宫类型占据了四种。

容妃地宫金券的石券顶渗漏的石灰浆痕迹

被盗后容妃棺椁上的盗洞（1979年10月5日）

容妃地宫为拱券式石结构，属于标准的清代妃型地宫。在地宫罩门券外口有一道用城砖砌的厚墙把地宫封挡住，这道墙叫挡券墙。墙的上部已坍塌，不知是人为还是自然坍倒的。石门门楼上的脊吻、瓦垄都是用整块石料雕成的。两扇巨大的石门半敞着，每扇门高约3米、宽1.52米，用整块石料雕制而成。每扇石门上既无菩萨雕刻，也无门钉，只有一个兽面衔环铺首。东扇石门的上角留有盗墓贼砸破的

容妃棺椁外椁尾部已残破

容妃棺椁上的清式葫芦头

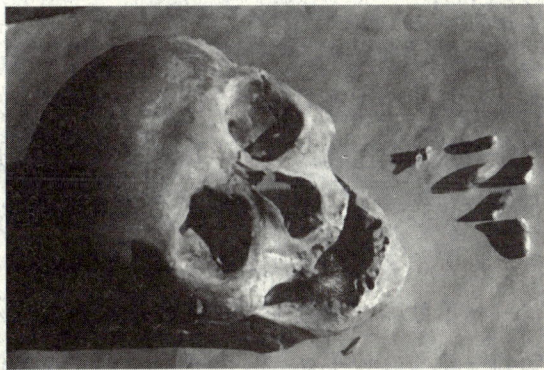

清理地宫时发现的容妃头骨及牙齿

残痕。石门门管扇为整块红铜铸成。顶门用的自来石倒在门洞券的泥浆里，断成两截。门洞券北口是梓券，为拱券式，所谓梓券其实就是金券的门口，只是没有门扇。

地宫的主体和关键部分是金券。容妃地宫的金券面阔为 4.8 米，进深为

5.15米。墙壁上挂满五六厘米厚的雪状风化白灰，手触即落。从墙壁上遗留的水痕迹来看，地宫积水最深时达 2.5 米。金券地面北部是棺床，是巨大石块拼砌成的，宽与金券面阔相同，进深 3.57 米，高 0.43 米，南侧立面刻成须弥座形。在金券棺床上东西方向横置着一具棺椁，棺头向东，是标准的清式"葫芦材"。清朝皇家的棺木为一棺一椁制，分为内外两层，内称"棺"外称"椁"，平头齐尾，两侧板直，椁盖向上斜坡，前端有一葫芦形木板，故名"葫芦材"。椁的右帮上被盗墓贼砍了一个长 1.75 米，宽 0.6 米的长方形洞，从断痕上看是用利斧所砍。根据文献记载，棺椁在地宫内应头北尾南放置，前后各有一块长条卡棺石卡住棺椁，以防止棺椁移动。人们进入金券后看到的是棺椁尾部，显然这具棺椁的横置是当年盗墓贼所移动。

当人们来到棺椁跟前，从所砍的洞向里面仔细查看，竟然发现这具棺木没有内棺，仅是一具空外椁，空空无物，椁内仅有 1 寸多厚的淤泥。通过详细观察发现，椁的正面有用金水手写的少数民族文字，但大部分已模糊不清。

经过仔细寻找，在容妃地宫金券里发现在棺床的西北角有一堆糟烂的丝织物，其间还夹杂有未燃尽的松枝、松塔、木柴等物。毫无疑问这是当年盗墓贼照明用的遗物。然而，虽然他们在地宫里找到了一些残存的骨头，但就是没有找到头骨，对此大家都感到莫名其妙。

据曾亲手找到容妃头骨的徐广源回忆说：

我不甘心，继续寻找，用铁锹在灰浆中小心探寻，在棺床南，无意之中触到一硬物，伸手捧起，竟是一个满是泥浆的头骨，在场人都惊喜异常。我捧着这颗头骨，更是喜出望外，如获至宝，头骨的发现，不仅说明容妃墓不是空穴，更是墓主人年龄、民族的有力物证。我小心翼翼地捧着头骨来到地宫外，用清水把泥浆冲洗干净，阴干。

所长一再叮嘱要保管好头骨，存入库房。我找来了许多柔软的布，一层一层包了许多层，放进库房中一个木箱中，还在木箱中放了不少的纸，以防有什么闪失，这可是我们清东陵珍贵的宝贝。

容妃地宫出土的碧玺珠　　　容妃地宫出土的鎏金铜纽扣　　　容妃地宫出土的珍珠

不久，徐广源又有重要发现，即找到了一条花白发辫和一顶吉祥帽。

这次探视之后，制定了清理方案，根据方案，开始全面清理地宫，将地宫里的白灰泥浆和一些残存的随葬品以及遗物一起装进抬筐，抬到洞口处，由上面的人员用绳子拽到地面上，丝织物由单位职工负责清洗整理，泥浆则用筛子在清水中清洗。经过仔细清理，在地宫里共发现了头骨一个、遗骨若干、发辫一条、吉祥帽、哈达残片等。还清理出来一些珠宝随葬品，如猫眼石、小钻石、各色宝石、珍珠、金耳环、琉璃珠、石雕佩饰、镀金铜纽扣等。

虽然这些地宫出土文物说不上价值连城，但为进一步研究容妃无疑提供了极为重要而珍贵的实物证据。

第二节　容妃地宫的重要发现

何为文物？

岳南先生在他的著作《复活的军团》一书中，对于"文物"这一词作了如下精彩的解释：

文物，作为人类自然和社会活动的实物遗存，无论它最初是精神还是物质，先进的还是落后的，乃至于当时它是服务于人民大众的还是反动帝王贵

清宫档案记载的容妃死后穿戴等清单

族的，都从不同的侧面和领域揭示了中华民族亘古以来绵延不绝的生存、繁衍、斗争、发展的历史，以及历代先驱的思想道德和科学文化水平。因而，它的价值和人类的启迪作用是永恒的。人们可以对历史长河中的某一段途程和某些人物作出不同的评价。但是，反映这段历史的文物的价值并不受人们对历史评价的影响和限制，都是全民族乃至全人类保护、研究和利用的珍贵历史宝藏。

简单地说，文物就是历史文化的遗存、古代遗留的东西。

据档案记载，容妃死后遗体使用及穿戴的清单如下：

杏黄妆缎大褥一床、绿锦缎大褥一床、大红妆缎大褥一床、大红妆缎被一床、绣杏黄缎绵蟒袍一件、缂丝八团有水一件、桃红缎绵衬衣一件。

放进容妃棺内的随葬品有：

绣八团有水一套有衬衣；绣八团一套有衬衣；碧霞玖朝珠一盘松石佛头塔、记念、坠角、背云；玉如意一柄；表一个；容镜；手巾；水晶鼻烟壶一个；福寿金正面簪三块每一块缀东珠三颗、小红蓝宝石五块、红宝石二块、螺子一块；金茶花一块上缀六分重正

98

珠一颗、正珠六颗、嵌金刚石；**金火焰簪一块**上缀一钱六分正珠一颗；**金如意吉庆平簪一块**上缀正珠、东珠四颗，红蓝宝石十一块、大蓝宝石一块；**金荷叶扁豆蝈蝈簪一对**上缀正珠、东珠十八颗、红蓝宝石十四块；**金荷叶蜘蛛簪一对**上缀大小东珠十颗，大小红蓝宝石十八块；**金如意一只**；**金豆瓣簪四支**；**茄式正珠坠一副**连金火焰、正珠六颗重四钱。

容妃地宫发现的遗存文物只是较为普通的零星残碎物品，但对于考证容妃的卒年、族别、民族信仰以及她在宫中的地位等却具有很高的研究价值。下面把其中有重要价值的主要文物以及出土遗物介绍并分析考证：

一、头颅骨及部分骨骸

在地宫发现的头颅骨基本完整，鼻骨、颧骨及下颌稍有缺损，头颅骨表面呈深褐色，这可能与长期浸泡在地宫的积水中有关。骨缝大部愈合，眉弓乳突均不显著。地宫内只找到了部分骨骸，估计盗贼是将陪葬品与部分遗骨一起带走。由此判断，当时遗体已经腐烂。

容妃地宫发现的残留容妃遗骨（部分）

墓中头颅骨的发现，不仅证明这座墓穴不是衣冠冢，并且从骨缝的密合程度及牙齿磨损的情况分析，表明墓主人的年龄大约50多岁。

清宫档案《清宫杂件》记载：

乾隆五十三年四月二十日，大学士和珅传旨："容妃遗下衣服首饰等物俱著分送内庭等位，并赏公主、大格格及丹阐、本宫首领太监、女子等，钦此。"

《大清会典》、《会典事例》记载：

99

乾隆五十三年四月十九日（1788年5月24日），容妃薨。当年奉移容妃金棺于纯惠皇贵妃园寝安葬，设神位于舒妃之次。

对于容妃的死亡和安葬日期，《昌瑞山万年统志》和《陵寝易知》两书中记载：

容妃，四月十九日薨，乾隆五十三年九月二十五日奉安。

头颅骨的发现，证明了容妃死后是葬在了清东陵。对头颅骨的鉴定，表明死者的年龄与文献档案中记载的容妃终年是一致的。

对于遗骨骨质的研究。在容妃地宫中发现石券四壁及石门上凝结有五六厘米厚的白色雪花状风化物，地宫中有渗入的积水，棺床上下是白灰浆。这些白灰浆是哪来的？通过实地考查知道，这主要是由于地宫基础外围填厢灰土、宝顶以及砌料所用大量白灰的缘故。白灰也叫石灰，其主要成分是碳酸钙，碳酸钙在遇到含有二氧化碳的酸性雨水，将会生成能溶于水的碳酸氢钙和含有大量钙离子水，日久天长，这些物质溶入到地宫里，又因地宫中温度及空气等条件下，它们发生可逆反应而生成不溶于水的碳酸钙沉积，其化学方程式为：$CaCO_3 + CO_2 + H_2O = Ca(HCO_3)_2$

另外，陵寝建于山区，雷电较多，空气中的二氧化硫等气体在雷电作用下会发生化学反应等，生成少量硫酸雨，硫酸与碳酸钙反应，生成微溶于水的硫酸钙沉淀。

盗墓贼在盗墓时点燃了大量的木屑、松枝、松塔等物照明，不充分燃烧会产生一氧化碳、二氧化碳及二氧化硫等气体，地宫中的这些气体与水反应生成碳酸、硫酸等酸性液体。这些遗骨常年浸泡在混有各种酸性溶液的积水中，会发生一定的化学和物理反应，这些反应很有可能把骨质中含有的微量元素改变了，这一点从头骨呈暗褐色、其余遗骨已有被严重腐蚀情况证明。这就很难从遗骨中鉴定出有无"异香"产生了。

二、发辫

容妃的发辫长85厘米，细黄的头发中杂有花白的头发，发辫根部还扎有头绳。

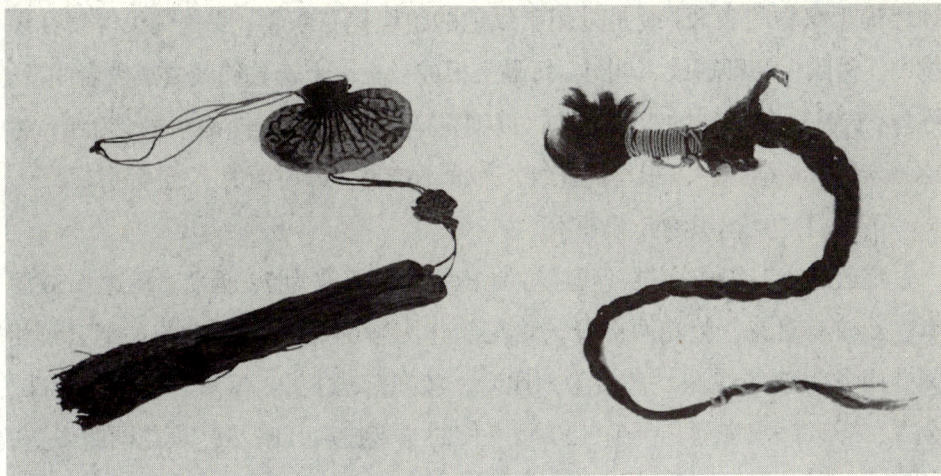

容妃地宫出土的荷包、发辫

花白的发辫表明死者的年龄在 50 岁以上，这与档案中记载容妃卒年是 55 岁的年龄正好吻合。

三、各种丝织物残片

地宫中清理出的衣物残片主要有：绣花龙袍、缂丝龙袍、贴绣龙袍、锦褥、绫袍、绫裙、哈达、三梭罗、花罗、黑纱及堆绫荷包、青缎吉祥帽等。

同样的丝织物，由于在织作时经纬线的组织变化不同，在称呼上也有不同的叫法。如，锦是经纬丝在织造前都预先染色，纬线的颜色在三种以上，用缎纹地的组织，提花织成的织物；缎是丝织物的经纱与纬纱按一定的规律交织，使较多的经纱或纬

容妃地宫出土的缂丝龙袍残片

101

纱浮现于织物的表面；绫是采用斜纹地的组织提花织物；罗是凡绞经线在织物内，每隔一纬即成绞者叫纱；每隔三根或三根以上奇数纬线方成绞者叫罗。

缂丝：这是一种特殊的织造工艺，以细蚕丝为经，色彩丰富的蚕丝为纬，将绘画与织造相结合。以彩丝织花纹，纬线不连贯，即所谓的"通经断纬"。

下面将主要丝织物介绍一下。

宝蓝地妆花织成袍料（残片）：此袍料残片幅宽为 72 厘米，机边 0.50 厘米。花纹有暗花、妆花两部分。暗花部分长为 64 厘米的团龙与如意云纹相间。团龙为独龙戏珠，直径为 6 厘米。妆花部分长 22 厘米，为双龙戏珠、金龙、彩云海水江崖。另有 130 厘米长的龙袍披肩，暗花、妆花同时织造，龙戏珠、彩云等花纹部分。这件织成衣料所用的捻金线极细，所织花纹、色彩都很精美。在机头上织有"江宁织造臣成善"七个楷书字。

驼色地五彩加金寸蟒祥云妆花缎（残片）：这件织物残片幅宽 76 厘米，机边 0.50 厘米。花纹为团龙祥云相间，均为五彩加金，花纹长 19 厘米，宽 9.50 厘米。团龙直径为 4.50 厘米，此件织工、设色、花纹也很精致。

宝蓝地妆花织成袍料（残片）的机头上织有"江宁织造臣成善"字样

驼色地五彩加金寸蟒祥云妆花缎（残片）的左下角织有"机匠王奇"等四个字

杏黄地暗花团龙杂宝缎（残片）机头上织有"苏州织造臣四德"字样

宋式八达晕织金锦褥（残片）

机头织有"江宁织造臣成善"七个楷书字，在左下角则织有"机匠王奇"四个字。

杏黄地暗花团龙杂宝缎（残片）：幅宽 70 厘米，机边 0.50 厘米，花纹为团龙间杂宝。团龙直径为 9 厘米，内有升降二龙戏珠。杂宝有：金锭、珊瑚、方胜、犀角、海螺、如意。花纹排列分为四行，团龙间如意一行，金锭间珊瑚一行，团龙间方胜一行，犀角间海螺一行，花纹间距为 50 厘米，宽为 18 厘米。机头上织有"苏州织造臣四德"七个楷书字。

宋式八达晕织金锦褥（残片）：锦褥为三幅合成，没有机边，宽达 117 厘米，素绸里。锦为宋式锦纹样，为捻金织成团花、如意、蔓草彩格，底色分辨不清。花纹间距为 17.5 厘米宽、20 厘米长。

青缎衬帽：也叫吉祥帽，即女朝冠内的衬帽，前面的佩饰为银质的蝙蝠，蝙蝠上面镶着红宝石的帽正，如今仅剩嵌有红宝石的银蝙蝠饰件，帽边钉有用青罗编结的小辫。吉祥帽的发现，说明容妃棺椁内陪葬有朝冠，或可以说容妃是戴着朝冠入殓的。

通过查阅清宫档案得知，成善是乾隆四十九年（1784）江宁织造官，四德是乾隆四十七年（1782）苏州织造官，这说明死者的卒年不能早于这个日期。

因此，通过对丝织物残片的研究可以确定容妃的死亡时间与档案所记载的时间是一致的。

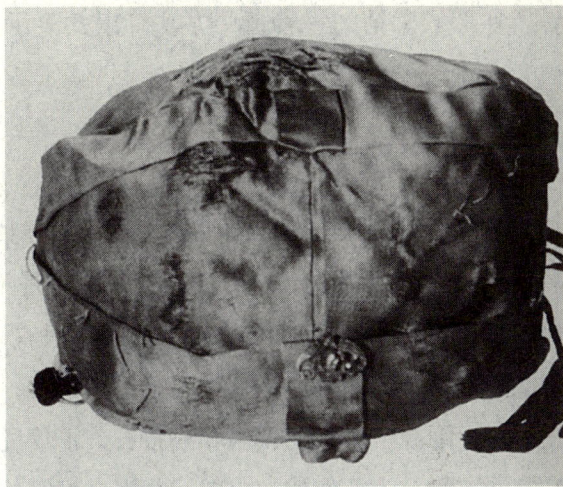

吉祥帽是朝帽里面的衬帽。帽子的前面有白银做的蝙蝠，上面镶着红宝石的帽正

四、棺木

地宫内发现的那具棺木，是证明其民族身份的最好实物。

外椁的正面有金漆书写的文字，经有关专家鉴定，是阿拉伯文字，其内容为伊斯兰教《古兰经》的开头"以真主的名义……"清朝的丧仪制度是，在后妃的棺木上阴刻藏文经咒，用以超度亡魂、护佑其死后吉祥。而此墓的主人在死后能把《古兰经》中"以真主的名义……"等内容文字带进自己墓地，并写在棺木上，不仅表明墓主人信奉伊斯兰教，同时也表明乾隆帝是特别尊重死者的宗教信仰的。清式棺木上刻阿拉伯经文，这是乾隆帝照顾死

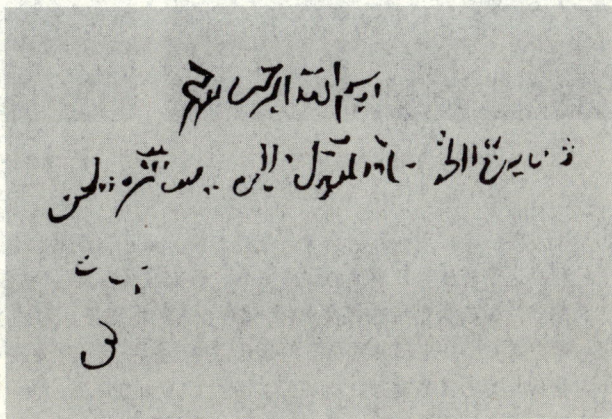

容妃棺椁上的部分阿拉伯文字

者所在部族感情的一种折中办法，以此显示出清朝"皇恩浩荡，安抚（泽被）众生"的民族策略。

五、墓中的猫眼石

猫眼石 (Cat's eye)，即"猫儿眼"、"猫睛"、"猫精"。是珠宝中稀有而名贵的品种。因为猫眼石十分名贵，所以是不能随便使用的。《钦定大清会典》^①里对清朝后妃衣饰有严格的规定：只有皇太后、皇后、皇贵妃、贵妃、妃的朝冠上才可缀饰。地宫里出土了猫眼石，证实死者生前的地位起码是妃的等级。因此，出土的朝服和猫眼石，不仅说明死者是以妃礼入葬的，而且和赏赐衣物及入葬年代的史料记载完全相符。这与容妃的身份恰好符合。

以上这些出土的实物，充分证明了容妃的民族是维吾尔族，信仰的是伊斯兰教，死时的地位是妃等级，年龄是 50 多岁。

通过以上对地宫出土文物进行简要的分析考证，容妃的出生地、民族、宗教信仰等得到进一步确认，进一步证实了容妃确实葬在河北遵化清东陵的裕妃

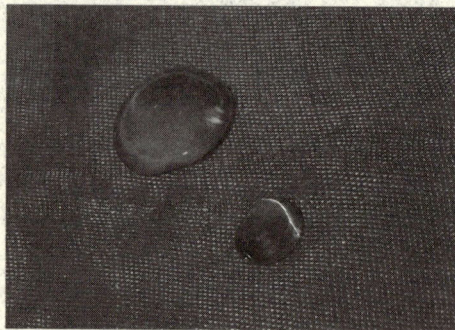

容妃地宫出土的猫眼石

容妃地宫出土的红宝石、蓝宝石等

---

① 《大清会典》又称五朝会典。它是康熙、雍正、乾隆、嘉庆、光绪五个朝代所修会典的统称。记述清朝典章制度的官修史书。通称《清会典》。初修于康熙二十三年（1684），雍正、乾隆、嘉庆和光绪曾四次重修。《清会典》的编纂，形式上仿照《大明会典》，但具体类目颇有增损。书中把典则与事例分开，称"会典"和"会例事例"。大致"以典为经，例为纬"，事例作为会典的辅助。把各门各目的因革损益情况，按年进行排比，从而既有门类，又有时间顺序，便于查阅。嘉庆、光绪《清会典》中，将户部的舆图，礼部的仪式、祭器、簿，钦天监的天体图等，绘图成编，称"会典图"。全书除汉文本外，又有满文本。

园寝内，发现的容妃地宫遗物也进一步证明了这些史书记载是正确的。

第三节　送容妃头骨进北京鉴定

　　容妃头颅骨的发现，无疑是为史学界解释容妃是不是新疆维吾尔族人打开了一扇大门。头颅骨是证明墓主人民族属性的最好、最可靠的实物，它将是说明容妃与"香妃"关系的最直接证据之一。因此，容妃头颅骨的鉴定，作为一项重要任务摆在了人们面前。

　　"带头骨去北京找专家鉴定！"清东陵文物保管所领导作出了果断决定，决定派出徐广源和于善浦到北京寻访专家，鉴定容妃头颅骨。于是徐广源和于善浦奉领导之命，带着史学界同仁的希望、所领导的重托，怀抱着容妃的头颅骨出发了。

　　那时，徐广源在所里是搞陵寝研究兼任文物保管员，工作认真负责细致，头颅骨在他手里所领导才放心，派他去北京鉴定头骨是最好的人选。那时候进北京办事只有坐长途公共汽车，道路又不好，这就需要对头颅骨进行很好地包装。徐广源找了很多绸布包了多少层后，才放进特制木盒中，又在木盒的空缝中塞满软纸，以减轻木盒对头骨的撞击。现在看来这种包装是太简陋了，但在当时来说这已是最有效的保护方法了。时值冬季，在汽车上徐广源用大衣将木盒紧紧地裹住抱在胸前，就这样容妃的头颅骨安全地到了北京。徐广源不仅是找到容妃头颅骨的人，而且还是目前唯一抱着容妃头颅骨跑遍北京的人。对此，直到三十多年后的今天，徐广源依旧记忆犹新：

　　我怀抱着容妃的头骨，坐在颠簸晃动的汽车里，思绪不住地翻腾。我像一个淘金人抱着狗头金，不，我怀中的头骨比狗头金要贵重得多，意义更大得多，这颗头骨也许是证明容妃就是香妃最有力的证据。尽管车内冷得滴水成冰，我却没有感到寒冷，只觉得心在怦怦地跳，两腮和耳根热辣辣的。

　　那么多的史学工作者多少年对"香妃"的研究、梦幻和追求，今天终于

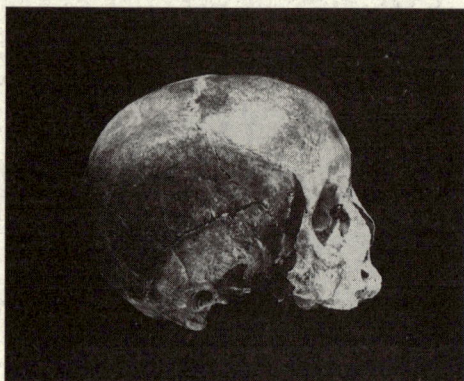

容妃头骨侧面

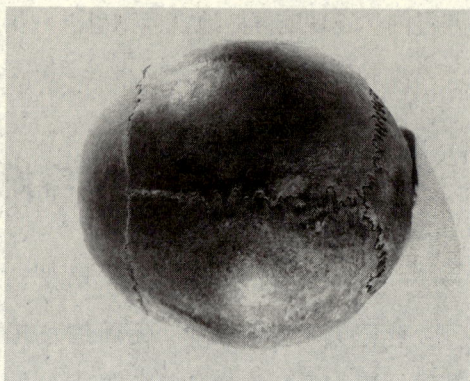

容妃头骨顶部

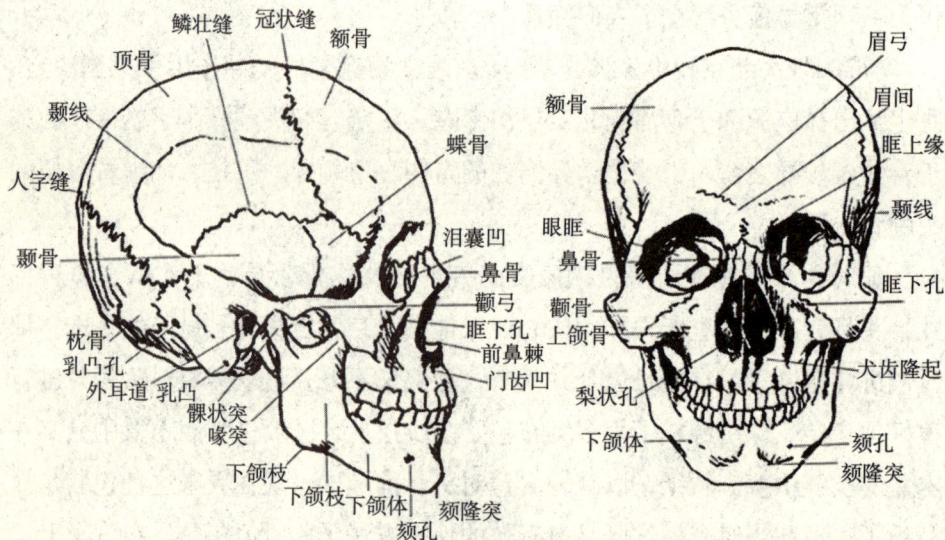

人头骨各部位名称图

要有结果了，而且是我亲自带着容妃的头骨去鉴定的。乾隆帝的"妃子"就抱在我怀中，实实在在地抱在我怀中，这也许就是传说的"香妃"，这是一件很有意义的事情。

到北京后，他们两人马不停蹄跑了许多的科研单位，先后去了中央民族学院（现为中央民族大学）、北京大学、民族研究所、社会科学院考古研究所、古脊椎动物研究所等单位，因为种种原因，都未能对容妃头骨进行鉴定。这

颞骨　　　　　　额骨　　　　　额结节

颧弓

颞骨颧突　　　　　　　　　　　冠状线

颞线　　　　　　　　　　　　　顶结节

顶骨　　　　　　　　　　　　　矢状缝

　　　　　　　　　　　　　　　人字缝

枕骨

顶骨　　　　　　　　　　矢状缝

　　　　　　　　　　　　顶结节

颞线

　　　　　人字缝　　　　人字缝

颧骨　　　　　　　　　　枕骨

　　　　　　　　　　　　乳突

　　　　上顶线

枕外粗隆

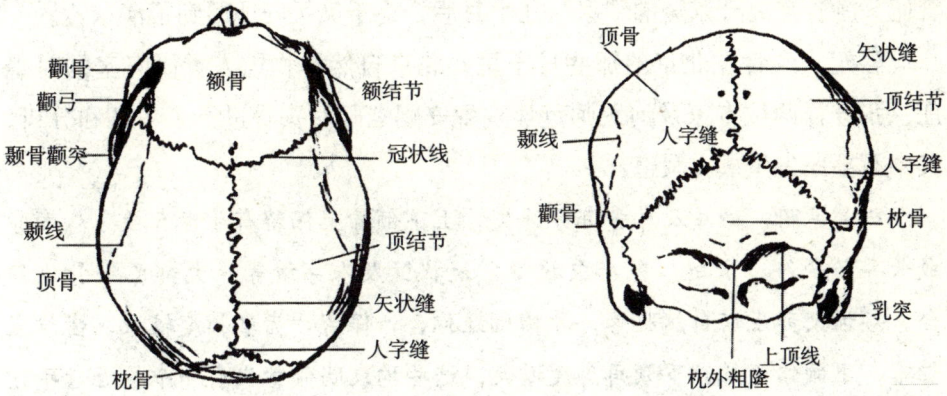

人头骨面部各部位名称图

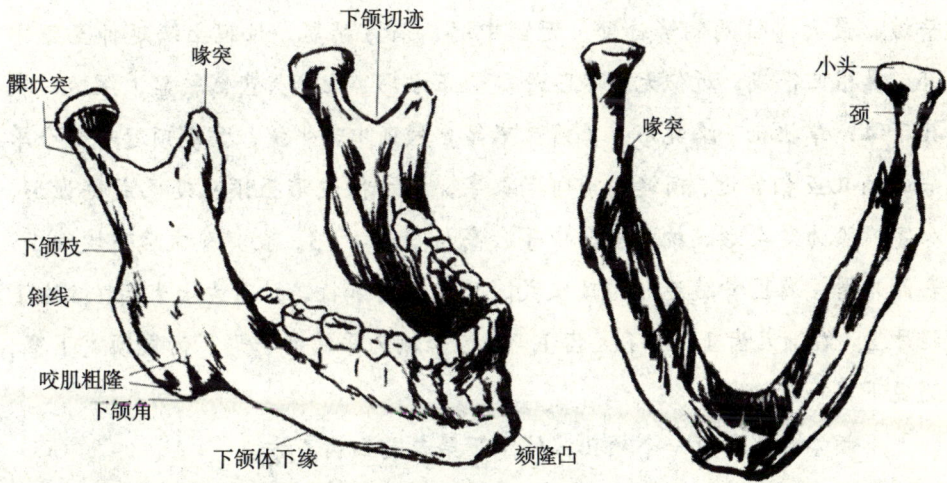

　　　　　下颌切迹

髁状突　　　　喙突　　　　　　　　　小头

　　　　　　　　　　　　喙突　　　　颈

下颌枝

斜线

咬肌粗隆

下颌角

　　下颌体下缘　　　颏隆凸

人头骨中下颌骨各部位名称图

对当时抱着一盆热火的徐广源来说，无疑是当头泼了凉水，其心情是可想而知的。在请示所领导后，徐广源抱着头骨怀着无奈的心情返回了清东陵。

　　后来，北京故宫博物院的同人又介绍了河北师范学院和北京自然博物馆两家单位，于是徐广源再一次带着头颅骨进入北京，将容妃的头颅骨送到了北京自然博物馆进行鉴定。

　　时间过得很快，容妃的头颅骨在北京一住便是数月。从事陵寝研究兼任文物保管员的徐广源，内心始终想念着住在北京的"香妃"，在他的努力下容妃头颅骨在离开东陵的"家"几个月后，终于又平安地回到了清东陵。

容妃头颅骨在北京的那些日子里，北京自然博物馆人类研究室的时墨庄、张守祥两位专家及河北师范学院魏安赐老师对头骨进行了考证和分析。其中石墨庄先生撰文写道：

头骨色暗，颧弓及鼻骨部分缺失，上下颌骨上保留有牙齿5枚。从颅骨成长年龄观察，骨缝（包括矢状缝、冠状缝及人字缝等）大部已经骨化愈合，颊齿大部生前自然脱落，牙槽已经弥合，保留牙齿磨损度较深，齿质点外露，下颌体变低，下颌角角度增大，这些均表明颌骨代表一个接近老年期女性。这与史书记载容妃死年55岁（乾隆五十三年）是相符合的。

整个颅形为短圆、低阔颅形，顶面观为中后部稍宽的楔形，额部及顶部平缓，最大宽位两侧鳞缝处。无额中缝，眉弓稍显，位眶上缘延伸至眶中部。鼻根凹很浅，近似无。眼眶外口似正方形。上颌犬齿窝较显，深达犁状孔下缘，犁状孔下缘钝形，鼻前棘不显。颅顶中部平缓，靠近顶缝有两个单一的顶孔互相靠近；顶缝由前囟至人字，点由微波形至顶孔处已成锯齿形，人字缝段为复杂形。枕外隆凸中等，高与宽为1:3。乳突及盂后突均细小，表面光滑。翼区骨缝连接为顶蝶式。牙齿保留5枚，计有左上犬齿1、右下门牙2、右下犬齿1、左下犬齿1。门齿舌侧为平缓的铲形，齿冠顶宽下窄，侧观下宽而顶细窄。

下颌体两侧各有一个颏孔，位于下第二前白齿下方。

脑容量按照皮尔逊（K. Pearson）计算公式：

女性：颅长 × 颅宽 × 颅高 × 0.000156 + 812 = 1320.8 毫升

现将容妃头骨主要测量项目及数据列表如下：

容妃头骨测量表

（单位：mm）

测量测量项目	数 据
头长（眉间点—颅后点）	173.0
头宽（颅骨两侧之间最宽径）	159.5
头高（颅底点—前囟点）	118.2

续 表

测量测量项目	数 据
最小额宽（额骨两侧颞嵴间最近距离）	100.5
颧宽（两侧颧点之间的距离）（据可见部分）	129.0
上面高（鼻根点—上齿槽点）	68.1
面颅底长（枕大孔前缘点—上齿槽点）	95.6
鼻颅底长（枕大孔前缘点）	93.0
眶宽（上颌额点—眶外缘点）（左）	41.8
眶宽（上颌额点—眶外缘点）（右）	41.5
眶高（垂直眶宽最大径）（左）	39.2
眶高（垂直眶宽最大径）（右）	39.5
鼻高（鼻根点—鼻棘点）	55.1
鼻宽（梨状孔最大宽）	28.7
鼻骨最小宽（两侧鼻额颌缝间最小直线距离）	6.9
中面宽（两侧颧骨颌点间距离）	111.2
眶间宽（两侧上颌点之间距离）	25.5

制表：时墨庄

容妃头骨下颌骨

（单位：mm）

下颌联合高（下齿槽点　下点）	22.6
下颌体孔处高	22.0
下颌体孔处厚	20.3
下颌体长（突前缘—两侧下颌角连线中点）	81.0
下颌角间宽（两侧下颌角间距离）	106.5
各项指数	
头宽／长指数	92.15
头高／长指数	68.32
头高／宽指数	79.10
上面指数（上面高／颧高）	52.79
眶指数（眶高／眶宽）	93.78（左）
鼻指高（鼻宽／鼻高）	52.09
总面角（鼻根点到上齿槽点连线与眼耳平面交角）	87°

制表：时墨庄

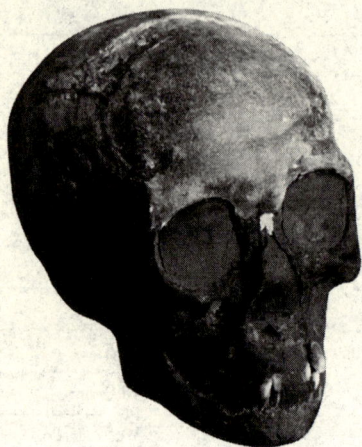

修复后的容妃头骨

从容妃头骨的整个颅形呈现的短、宽、低的特征来看，特别是没有隆起的矢状脊和短宽的头颅及面颊，均与我国西北的维吾尔族属相符。

因此，专家对容妃头骨的考证得出了以下三个结论：

1. 头骨代表一个少数民族的个体。

2. 头骨代表一个年逾五旬的老年。

3. 遗骨并无"异香"产生。

容妃的头颅骨在北京期间，专家们除了对其进行了比较深入的考证外，还对其进行了物理性保护，即将头骨尽力修复的同时，在颅腔内填充了头骨专用保护性材料。

1983年4月，容妃墓中发现的那条花白发辫也被送进了北京进行头发微量元素的化验，以确定死者血型。在北京，容妃的发辫受到了中国公安部第三局刑事科许浦博等人的重视，通过化验容妃发辫的微量元素成分得知，容妃血型为O型。并于4月19日出具了《刑事科学技术鉴定书》。

后来，又据有关专家测定地宫内发现的体骨，确定死者生前的身高在理论上是162.71cm。

第六章 "罗生门"真相

　　经过专家、学者们对地宫出土文物的考证，以及对历史档案研究的有机结合，人们对传说中的"香妃"与档案记载的乾隆帝容妃之间的关系终于有了一个比较全面的认识。

第一节 纠正"香妃故事"中的错误

　　清理容妃地宫后，已经能进一步证实乾隆帝的容妃就是传说的"香妃"，"香妃"是从容妃身上演绎出来的一个人。为什么这么说呢？

　　不论是传说的"香妃"，还是官方记载的容妃，她们的一个最显著的特点就是都是新疆人，由于新疆人的姓氏名称有它自身的特点，那我们就分析一下容妃的姓氏和容妃之父的名字。

　　在清朝官方史书中，一般都说容妃姓"和卓"。"和卓"一词原是对我国新疆及中亚、西亚等伊斯兰教封建上层的尊称，有创教者后裔和宗教学者两种含义。《藩部要略》卷十六中有关于容妃家族为什么称"和卓"的记载："有叶尔羌回人额色尹者，号额尔克和卓，其始祖曰派犹帕尔，世为回部长，居叶尔羌，领其族。族统称和卓，犹蒙古族统称台吉也。"由于容妃家族中所有男子都号称"和卓"，所以当时档案中记载容妃也姓"和卓"。

乾隆帝生母孝敬宪皇后八旬朝服像

　　清朝官方史书中称容妃之父叫"和扎麦"。容妃的哥哥图尔都最初封爵是台吉。因为爵位一般都是世袭的，所以也就认为图尔都的父亲也是台吉。"和扎麦"并不是人名，而是一种称号。"和扎麦"就是"和卓木"，是"和卓"一词尾部加"木"而成的，意思是"我的和卓"，表示更加亲切尊敬。和卓木 (hojom)，在满语中是对维吾尔人宗教贵族和卓木家族的姓氏"khojam"的兼顾音、意的对译词。满语 hojo 一词原意为秀丽的、标致的、俊俏的等。由于清朝文人不懂得维族姓名的规律和特点，因而把"和卓木"误认为是人名，而称"和扎麦"。

　　根据上面所说就可以知道，清朝官方所说的容妃的确是新疆维吾尔族人。

　　下面我们通过分析传说故事，就可以知道容妃与传说的"香妃"是同一地区、同一民族，又是在同一事件后进京入宫的，由此便可以确定乾隆帝的容妃就是传说中的"香妃"，只是进入皇宫的容妃与传说中的"香妃"的故事不同。

　　首先，分析一下传说的香妃故事中的错误说法。

　　"香妃故事"中说"香妃身带利刃，皇太后赐死等"。对于这种说法，试想一下：一个被俘未见过面的异族女子被送入皇宫的可能性有多大？至于皇太后赐死之说，那更是荒唐得很。因为被俘女子要想进入皇宫都不可能，更不用说要刺杀乾隆帝，也就更不能出现太后赐死"被俘女子"这样的情节。平时皇宫的安全保护是 24 小时的戒备森严，出于常理思考，乾隆帝也不可能为了女色而在自己身边留下一个自己不知根底的、对自己生命时刻有威胁的隐患。而据档案记载，这段时期进入皇宫的是只有后来官方记载的容妃，而容妃又不是作为反叛国家的人进入皇宫的。在皇宫内，容妃很受皇太后恩宠，先后奉皇太后的懿旨，由刚进宫时的和贵人升为容嫔，又由嫔晋封为容妃。由于乾隆帝后期不再设皇后，到乾隆四十二年（1766）容妃在宫内妃嫔中地位已名列第三，侍奉她的太监和宫女就有 24 人。

　　故事中称"香妃"是回部反叛酋长的王妃，是宁死不失贞节的贞节烈女。乾隆时期，新疆回部反叛头子是忘恩负义的大小和卓。《清史稿》、《清皇室四谱》、《清文献通考》等书都有称容妃为和卓氏的记载。根据《钦定西

清宫档案记载的容妃死后，乾隆帝赏给容妃丹禅（娘家人）的物品清单

域同文志》、《西域图志》和清宫档案《容妃遗物折》的记载可知，容妃的五叔是额色尹公爵、六叔是帕尔萨、哥哥是图尔都；"图尔都"的维吾尔语音译为"图尔迪"。乾隆二十年（1755）五月清军平定准噶尔时，解救了曾被囚禁的玛罕木特的两个儿子大小和卓。容妃和大小和卓同属于"和卓"家族，是同高祖的本家、不同曾祖的分支，容妃与大小和卓是远叔伯兄妹关系，容妃不可能是两人中任何一人的妃子。后来，大小和卓兄弟叛乱，企图分裂祖国，不仅遭到广大维吾尔族人民的坚决反对，也遭到本族多数贵族及本家的反对。在清军平定叛乱时，容妃家族的五叔、六叔、堂兄等配合清军平定了大小和卓的叛乱，才被召入京师的，这表明容妃不是大、小和卓的妃子，她及她的家族为反对叛乱，支持、帮助朝廷平定叛乱，维护国家统一，和解民族关系，作出了重要贡献。

"香妃故事"又说，"香妃"进宫时 22 岁，未婚，进京前提出三个条件，死后被葬新疆喀什。档案中记载，容妃进宫时间是乾隆二十五年（1760），当时已 27 虚岁，她在宫中生活了 28 年，于乾隆五十三年（1788）病死，时

年 55 岁，按妃礼葬于清东陵。在乾隆十七年（1752）至三十九年（1779）的宫中《赏赐底簿》里，乾隆二十五年（1760）以前历年赏赐的详细名单中，没有"容（香）妃"的记载，在乾隆二十五年（1760）二月四日，才有"和贵人"记载。这就是说，容妃在清宫档案中出现的时间为乾隆二十五年（1760）。

"香妃故事"产生于清朝末年，当时正是帝国主义列强瓜分、压迫、分离半封建半殖民的清王朝的年代。帝国主义国家巴不得中国动乱，他们盼望中国各民族之间及民族内部出现分裂、搞叛乱，他们支持一小撮人在中国的民族分裂和动乱中夺权，以便他们从中渔利。而在国内，袁世凯及某些别有用心的人，正和南方的革命党人孙中山争夺政权，分裂中国，指使其政客幕僚利用一切可以用的"人、事、工具"，不择手段地从中捣乱，使社会不安定，民族不团结。另外，国内的一些省份、地区如新疆、西藏、外蒙古和东北三省等，受帝国主义势力和反华组织的指使、怂恿和扶持，要求民主自治搞独立。那时，还有一些无聊的文人墨客、破落书生及好事者，为了找口饭吃或闹点事做，跟在别人的后面，一味地瞎搅和，把香妃说成反叛国家，分裂民族团结的"贞节烈女、民族女英雄"，客观上充当了反动势力的帮凶。当然，这其中不排除有一些被眼前假事物蒙蔽了眼睛的人，充当了别人的喇叭。

也有人说历史上乾隆帝有两个维族妃子：一个就是正史记载的容妃；另一个就是民间传说的"香妃"。从大量的清宫档案我们可以知道，清宫中的每一个后妃都有自己的档案记载，就是那些太监和宫女也都有属于自己简单的身份档案，更何况是作为后宫主位的"香妃"呢？另外，我们知道清宫中的每一个人，无论宫女、太监和妃嫔们，都有属于自己的独立宫份和伙食标准，在节日和生辰之日都能得到皇家的赏赐，这在清宫中都有明确的记载。如果后宫中多了一个女主位的话，那么清宫中就要多出一份开支，包括服侍人员的开支。遍查清宫档案，没有发现有与容妃一样伙食标准待遇的妃子，也没有发现进驻北京的回族贵族与这位所谓的"香妃"有任何的亲戚往来关系，反倒发现这所谓的"香妃"与容妃有共同的亲戚，即她们的哥哥都是图尔都。还有，如果乾隆帝真有这位民间传说的香妃，他一定会在出行的时候带她到各地游玩，而事实上，乾隆帝在每次出行的时候带的是正史中记载的容妃。

另外，1914年清东陵裕妃园寝的守墓者把容妃墓称为"香妃"墓，把其中的画像称为"香妃像"，这表明，裕妃园寝的守墓者一直把乾隆帝的容妃称为"香妃"。

从以上分析考证中完全可以得出以下结论：

传说中的"香妃"就是乾隆帝的容妃。容妃及她的家族在历史上，为国家的统一、民族的团结作出了重要贡献。

至于容妃是否身体生香，现在则无法考证。不过，从现代人生理知识推知，人体汗腺及皮脂腺的分泌物中和体内腑脏中确实存在某种气味。在大千世界中，千奇百怪的事情时有发生，并且确实有一些用现有生理知识无法解释的现象，所以不能完全排除容妃身上能散发一种令人喜爱的香味的可能性。也有人猜测，容妃身上散发的异香实际就是人们常说的是一种类似狐臭的气味，只不过这种狐臭是人们喜爱的香味，因避讳而说成"香"。

关于人体为什么能发出各种体香，其说法有三：性香说、丁酸酯香说、饮食习惯说。性香说，香女的体香来源于她们体内蕴藏和释放出的"性香"。这种性香是女性体内雌二醇等与某些饮食中化学成分作用的结果，通常随着年龄增长而发生变化，到了青春发育阶段则更为浓郁诱人，异性感受最为明显。丁酸酯香说，人体分泌的汗液中有一种成分叫丁酸酯。汗液中存在这种物质多了会发出臭味，唯有其浓度适中，才能使人具有迷人魅力的体香。女性由于生理特殊性和活动量小，要比男人有更多几率产生这种体香。饮食习惯说，经过研究发现某些饮食、生活习惯与人体气味有着微妙的关系，这种体香的产生是独特的饮食习惯和气味分子共同作用的结果。史料记载，古埃及有一位叫"克利奥佩特拉"的女王，常洗一种"奶浴"，这种奢华的举动创造出了保持两千年之久的奶浴经验。我国的四大名著之《红楼梦》中也有薛宝钗服用"冷香丸"、"玫瑰香露"、"木樨露"、黛玉和宝玉等都有佩戴香囊的生活习惯。容妃是新疆上层贵族女子，很可能有一些特殊的生活习惯。

当然，也许"香妃"这名字是人们对秀美女子表示亲昵的一种爱称或是人们尊敬她为对国家的统一、和睦作出贡献的一种尊称。

第二节　清宫档案中的容妃

前面论证了传说中的"香妃"就是历史上的乾隆帝的容妃。那么，历史上的容妃到底是怎样的一个人？乾隆帝为什么要纳一个维吾尔族女子为妃？她在皇宫中的经历又是怎样的？为了让大家对历史上的容妃有一个全面正确的了解，下面根据正史和清宫档案作以简单的介绍。

容妃，生于雍正十二年九月十五日（1734 年 10 月 11 日）。她是新疆秉持回教始祖派噶木巴尔的后裔，其家族为和卓，故称容妃为和卓氏，也称霍卓氏。其父阿里和卓为回部台吉，第 29 世，哥哥是图尔都。容妃家族世代居住新疆的叶尔羌。

乾隆二十年（1755）五月，清政府派兵平定了新疆达瓦齐的叛乱，解救了墨特的两个儿子波罗尼都（大和卓）、霍集占（小和卓）。可是这两个人不但不感恩戴德，反而以怨报恩，于乾隆二十二年（1757）聚众叛乱，反对朝廷，分裂国家。容妃一家反对叛乱，拥护朝廷，不顺从大小和卓，被迫背井离乡，全家从天山以南的叶尔羌迁移到天山北侧的伊犁居住。乾隆帝派定边将军兆惠率兵平叛。容妃的五叔额色尹、哥哥图尔都、堂兄玛木特等全力以赴配合清军作战，乾隆二十四年（1759）叛乱就被平定了。容妃的叔、兄等被宣召进京，五叔额色尹被封为辅国公，图尔都和玛木特被封为一等台吉。最初他们居住在关防衙门处。乾隆二十四年（1759），乾隆帝专为他们在西长安街修建了回子营，安顿他们居住。但这时，他们的家眷尚未到京。乾隆二十四年（1759）年底，额色尹等人家属随着定边将军兆惠一起来到北京，"容妃"是作为家属进入北京的。

乾隆二十五年（1760）正月十五元宵节这一天，乾隆帝在圆明园正大光明殿举行盛大筵宴，热情款待外藩诸部首领。容妃的五叔、哥哥、堂兄都应

《内庭赏赐例》书影

邀参加了宴会。这年正月，朝廷将这些人安排了工作职业，额色尹系公品级，玛木特、图尔都和卓系扎萨克，归理藩院管辖，其他人员如乐工、匠艺人等按照内务府旗鼓佐领建制编成一支回子佐领，隶属于蒙古正白旗，归内务府管辖，按时发放俸禄米粮等，当时主管京城新疆回族的佐领名叫白和卓；佐领之下设骁骑校1人、领催4人协助办事。他们的俸禄、钱粮、马干、路费等费用，均由所在旗按例办理。这对于由经常受欺凌的地方贵族而一跃成为京城皇家新贵族的维吾尔族旧贵族来说，犹如小麻雀变成了金凤凰，身份地位倍增。

乾隆二十五年（1760）二月初三日，图尔都的妹妹被封为和贵人，当时乾隆帝还赏给了她大量珍宝、衣物和银两。

容妃进宫就被封为"贵人"，没有历经"常在"和"答应"两个等级，表明了乾隆帝对这件事的重视，同时也表明乾隆帝初步见到容妃就产生了好感，颇为宠爱。同年四月初八日，乾隆帝把宫中女子巴朗指配给图尔都为妻。容妃是乾隆帝41位后妃中唯一的维吾尔族族（当时称回族）人，信奉伊斯兰教，生活习惯也与其他人不同。乾隆帝充分尊重她，在饮食、服装、居住、宗教信仰等各方面都给予了特殊的关照。在宫中设有回族厨师，有位叫努倪马特，在乾隆四十六年（1781）正月初五日，在斋宫平颢殿吃晚饭时，因为所做的"滴非雅则"（洋葱炒的菜）、"谷伦杞"（抓饭），非常好吃而得到了乾隆帝的奖赏。在乾隆三十年（1765）六月封妃前，容妃在宫中一直穿着维吾尔族服装。容妃居住在圆明园时，曾在园中方外观做礼拜，乾隆帝特为她在方外观大理石墙上刻了《古兰经》。

乾隆帝对容妃家属也很照顾。她娘家的维吾尔族女性也都一直穿着本民族服装。乾隆四十一年（1776）十月初七日，据礼部给内务府的咨文上称："准正白旗蒙古统都咨称……查归入本旗回子公和什克、图尔都、额色音（尹）头等台吉玛穆特、二等台吉喀舍和卓等妻室，现今并未进换衣装。"乾隆四十三年（1778），图尔都死后无子，由其侄子托克托（喀沙和卓之子）袭辅国公。巴巴和卓原为四等台吉，于乾隆四十四年（1779）袭二等台吉。乾隆四十八年（1783）下诏规定他死后"以次降袭四等台吉"，乾隆五十三年（1788）容妃死后，为了照顾，重新下诏改为"世袭二等台吉，罔替"。乾隆五十五年（1790），额色尹死后，其子喀沙和卓"理应降等承袭"，却改为仍袭辅国公，乾隆五十六年（1791），又以"勤奋奉职，诏加封镇国公"。

和贵人入宫两年，"秉心克慎，奉职惟勤"，全宫上下对她的印象很好。乾隆二十六年（1761）十二月三十日即大年除夕这一天，乾隆帝奉皇太后懿旨，晋封和贵人为容嫔。乾隆二十七年正月初八日，乾隆帝用硃笔圈定和贵人封号为"容"字，册封典礼于乾隆二十七年（1762）五月二十一日举行，乾隆帝命兵部尚书阿里衮为正使，礼部侍郎五吉为副使，册封和贵人为容嫔。同年，图尔都被晋封为辅国公。乾隆三十年（1765）正月，乾隆帝第四次南巡，容嫔兄妹也随驾同行。一路上，他们兄妹第一次饱览了祖国的壮美山河，大开了眼界。

乾隆三十三年（1768）六月初五日，容嫔又被晋封为容妃，内阁奉乾隆帝谕旨：

奉皇太后懿旨，容嫔著封为妃，所有应行典礼各该衙门察例具奏。

因容嫔进宫以来，一直穿着维吾尔族服装，没有满洲朝服，所以在封妃前的六月初四日，内务府专门行文为其制作了满洲朝冠、朝服、吉服。按照惯例赏，还赏给了项圈、耳坠、数珠等饰品。十月二十六日举行了容妃的册封礼。这一天，乾隆帝命文华殿大学士尹继善为正使，内阁学士迈拉逊为副使，持节册封容嫔为容妃。

乾隆三十六年（1771）二月初三日至四月初七日，容妃还随乾隆帝东巡山东，拜谒了孔庙，登上了泰山。

《木兰图卷·行营》

《木兰图卷·马技》

　　乾隆四十三年（1778）七月二十日至九月二十六日，容妃又陪伴乾隆帝
到清朝的发祥地东北拜谒了盛京祖陵。在随行的 6 位妃嫔中，容妃已名列第
二位了。一路上容妃得到了乾隆帝赏赐的大量食物。

　　还有，容妃也多次随乾隆帝到承德避暑山庄。乾隆帝将在木兰围场秋狝
时得到的猎物赏给随行的众妃嫔，乾隆帝赏给别的妃嫔的是野猪肉，而赏赐
容妃的却是烧鹿肉和狍子肉（鹿和狍子均为反刍动物，故信奉伊斯兰教的人

可以食用），表明了乾隆帝随时都在尊重容妃的宗教信仰和生活习惯。

自乾隆三十一年（1766）七月乌喇那拉皇后死后，乾隆帝便不再立皇后。自乾隆三十九年（1774）庆贵妃死、乾隆四十年（1775）令懿皇贵妃死后，乾隆帝也不再封贵妃和皇贵妃了，在这之后，后宫中地位最高的就是妃。当时宫中只有六位妃子，而容妃就是六妃之一。在她每年过生日时，乾隆帝都赏赐珍宝、银两等。在平时对妃嫔赏赐时，容妃总比其他妃嫔优厚，而且得到的总是她最喜爱的果品，表明了乾隆帝对她的偏爱。从乾隆四十三年（1778）七月后，容妃在众妃嫔中排座次时，已升为第二位。乾隆五十年（1785）以后，容妃得了不知

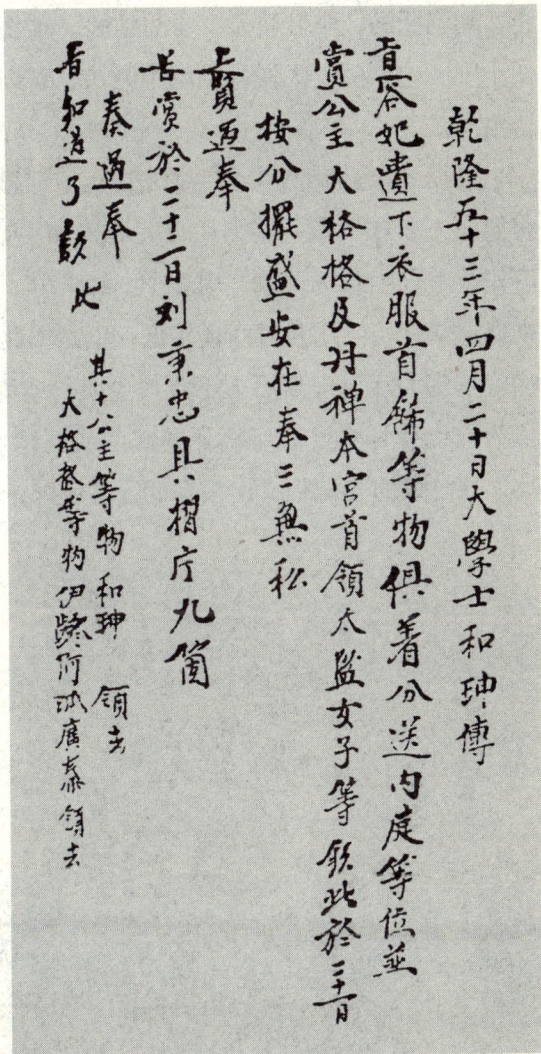

清宫档案记载的容妃遗物赏赐公主、格格等人的物品清单

名的慢性病，太医院的御医张肇基、张淳开的药丸是后妃常用药之一的平安丸。

如《用平安丸底簿》记载，乾隆五十二年（1787）十月初四日，张肇基、张淳请得容妃娘娘平安丸一丸。初五日，张肇基、张淳请得容妃娘娘平安丸一丸。平安丸为调理脾胃的良药，不仅可治疗一般的脾胃虚弱，还可以治疗脾胃疾病。据《清太医院配方》记载："治九种心胃疼痛，抽掣引痛，时发时

止，胸膈胀满，呕吐嘈杂，不思饮食，损伤脾胃，血气不和，升降迟难，大便干则胸中颇闷，大便稀则胸中颇快，食则痞塞，噎膈翻胃，气逆不舒，并皆治之。"

又据《御药房人参底簿》记载，"乾隆五十三年（1788）三月十五日，容妃合人参珠子散一料，用过五等人参一钱。""二十四日，花映墀等请得，容妃娘娘合生肌珠子散，用珠子一钱五分。"有医学专家根据这个用药记载，推算这两种药的用药时间很接近，于是据此分析，容妃死前有可能患有某种痈疽疮疡大症，破溃后久不收口生肌，或因久病卧床致使生褥疮溃破之症，认为这也许是引发容妃病死的起因或病情加重的主因之一。因为生病的缘故，这时候的容妃很少出头露面，但乾隆帝往往单独赏给她物品。

清宫档案记载的容妃遗物赏赐太监、宫女等人的物品清单

乾隆五十三年（1788）四月十四日，乾隆帝赏给了容妃10个春橘，这大概是她生前最后得到的一次赏赐。五天后，即四月十九日（1778年5月24日），容妃在圆明园溘然长逝，终年55岁。其棺椁临时停放在京城西郊的西花园。

容妃一生未生育子女，而并不像有些人说，容妃还生有一个女儿。

容妃死后，乾隆帝为了让宫里的人经常怀念她，特地把她在宫中二十多年积存的大部分物品作为遗念分赠给各位妃嫔、公主、格格和佣人以及她的娘家人。

得到容妃遗物的容妃的娘家人有：额色尹及妻、托克托、喀申霍卓及妻

和两女、帕尔萨及妻和儿子巴克尔、容妃之姐、容妃之妹，兵两人：阿克伯塔、哈丕尔，小孩：丕里敦、巴巴克、兵巴哈尔妻三人。

乾隆五十三年（1788）四月二十七日，容妃的金棺从西花园移到北京东北郊的静安庄殡宫暂安。五月初四日起到初十日，六十个喇嘛为其念经 7 日。

据档案记载，容妃死后的丧礼是按照清宫妃的标准办理的。按照制度，妃的丧葬礼仪是这样的：

皇帝辍朝三日。大内以下，宗室以上，三日内咸素服，不祭神。妃宫中女子、内监，剪发截发辫，咸成服，二十七日除服，百日剃头。姻戚人等成服，二十七日而除，百日剃头。茶膳房人员男妇成服，皆于大祭日除服，百日剃头。

妃初薨日，亲王以下，奉恩将军以上，民公侯伯以下，二品官、子以上，公主、福晋以下，县君、奉恩将军妻、一品夫人以上，齐集。奉移日祭日同。二周月内，日上食三次。百日内，日上食二次。均内府官及执事内管领下官员，男妇齐集。

妃金棺奉移殡宫，行初祭礼，用金银锭七万，楮钱七万，画缎千端，楮帛九千，馔筵二十一席，羊十有九，酒十有九尊，设彩仗，众齐集行礼。次日绎祭，金银锭、楮钱各五千，馔筵五席，羊三，酒三尊，不设彩仗，执事内管领下官员男妇齐集。大祭与初祭同。次日绎祭，与前绎祭同。周月致祭，用金银锭楮钱各一万，馔筵十有一席，羊五，酒五尊。二周月，三周月，百日致祭，及未葬期年致祭，羊酒楮帛之数，皆与初周月同。清明设挂楮钱宝花一座，中元及冬至、岁暮，用金银锭二千，楮钱一千，皆馔筵五席，羊一，酒一尊，执事内管领下官员，男妇齐集。

妃金棺由殡处奉移妃园寝。豫期行奉移礼，用金银锭、楮钱各一万五千，馔筵十有三席，羊五，酒五尊，设彩仗，众齐集。沿途住宿，奠馔筵一。至陵日，不值班之大小官员咸于十里外跪迎举哀，候过随行，奉安园寝芦殿。次日行奉安礼，陈设祭物与奉移同。送往大臣官员，暨在陵之大小官员等，及其妻，咸齐集。将入园寝，先一日行奉移礼，与前奉安礼同。至吉期安葬。

同年九月十七日，皇八子仪郡王永璇带领阿哥及许多大臣官员护送容妃金棺去往遵化的东陵，二十二日到达裕陵妃园寝，将金棺暂安在享殿内。二十五日正式葬入了地宫。

在乾隆帝的后妃中有一个维吾尔族女子并不奇怪，这正是清王朝对边疆少数民族实行"怀柔"政策的具体体现。我国是一个多民族国家，清政府为了加强统治，维护国家统一和民族的团结，对边疆少数民族一向采取"怀柔"政策，"和亲"是其中的一项重要手段。其用意是通过与各民族上层人物的联姻，获得各民族对清政府的支持，以维护国家的统一。乾隆帝纳图尔都之妹为皇妃，并给予优厚的待遇，就是想通过容妃家族在新疆的巨大影响，搞好民族团结，加强中央政府对新疆地区的管理和统治。从康熙到乾隆年间，新疆曾多次发生少数民族贵族叛乱，虽然都被镇压下去了，但总不彻底，时叛时顺，不能持久。乾隆帝把维护统一、反对分裂的新疆上层人物额色尹、图尔都、玛木特等人召进京城，加官封爵，恩礼有加，并纳他们的女子为皇妃，同时还把宫女巴朗嫁给图尔都为妻，结成秦晋之好，这都是有深刻政治用意的。自此以后，新疆的稳定局面保持了 60 年之久，这不能不说是和亲政策发挥了作用。容妃作为这一政策的具体执行者，在皇宫中生活了 28 个春秋，深深赢得了乾隆帝的宠爱和信任，最后又葬入了皇家陵园——清东陵裕陵妃园寝内。

那时候的女子实际上没有名字，只有姓氏，后来人们为了怀念她，给容妃起了维吾尔族名字——买木热·艾孜木、贾姆丽孜木，也有称"伊帕尔汗"的，其实这些名字都是指乾隆帝的容妃。

第七章　最后的谜团与遗憾

在清理地宫后发现，容妃——这位有明确记载的来自新疆女子依旧还存在着很多的谜团，并且在清理地宫过程中还发生了不应该发生的遗憾。

第一节　遗留的六个谜团

容妃地宫的清理，为世人更好地了解香妃即容妃找到了最有权威的证据，为史学界对"香妃"的研究提供了最可靠的实物资料，对"香妃"的情况也有了基本的了解和认定，但这些并没有能将笼罩在她身上的一些谜团全部揭开。

一、哈达之谜

在地宫出土的织物中，人们意外地发现了黄地暗花八宝花绫的残片（原是白色）。经过仔细辨认后，此丝织物残片被定名为哈达，这是因为将其与北京白塔寺所藏白色哈达比较后发现，两者在宽幅、边穗、纹饰样式完全一样。

以往人们认为，墓中发现的哈达是征明死者的民族属性是少数民族。笔者对此种说法则有不同的看法：哈达是蒙古和藏族人作为礼仪用的丝织品，是社交活动中的必备品。哈达类似于古代汉族的礼帛。哈达按照颜色可分为白色哈达、蓝色哈达和五彩哈达。白色哈达又分为三种，即：内库哈达、阿喜哈达和索喜哈达。内库哈达是出于皇家内库中的特定哈达，其质优、面宽而长，边沿织有吉祥图案，中为八瑞相图，上下为翔龙图案。蓝色哈达，在内蒙古大草原上，人们十分崇尚蓝色，因为蓝色是天空的色彩。五彩哈达，此哈达为高尚的礼物，每种颜色各有寓意，蓝色象征蓝天、白色象征白云、绿色象征河水、红色象征空行护法，而黄色则象征大地，这五彩哈达只是在特定的情况下应用。在蒙、藏地区，献哈达是一种既普遍又崇高的礼节。无论婚丧嫁娶、民俗节庆、拜会尊长、迎送宾客、朝觐佛像、音讯往来、求情办事以及新房竣工、认错请罪等都有献哈达的习惯。献哈达是对对方表示纯洁、诚心、忠诚和尊敬的意思。

按照哈达的种类来说，容妃地宫发现的哈达属于五彩哈达，然而按照规格来说，容妃地宫发现的哈达则应该属于内库哈达。敬献哈达给容妃应该是

容妃墓出土的白色哈达的纹饰及奇特的文字

出于对死者的沉痛哀悼和尊重，以及保护和祈福，还有也是对死者家属的安慰。那么，是谁赠送给容妃哈达的呢？是信仰藏传佛教的乾隆帝还是蒙古、西藏各部的酋长？可是在史书和档案中有没有发现这方面的记载。因此，容妃地宫内为什么有哈达目前还是一个不解之谜。

二、哈达上的文字之谜

地宫出土的黄地暗花八宝花绫哈达残片，其花纹为折支莲花，上面托一圆圈，圈中为八宝[①]图案。机头织有回纹花边，通幅织有奇特文字，称为"吉祥颂"。整个织物经纬都松，显得单薄。

历来，古墓葬中出土的文字对考证墓葬历史都是极为宝贵的资料。但就容妃墓中所出的花绫哈达上的文字，按理说应是藏文的某种字体，但请教很多专家、学者，他们也不认识。所以，容妃地宫出土的哈达上的文字究竟是哪种文字，什么内容？至今尚未破解，仍为一谜。

---

① 八宝即佛前的轮、伞、螺、盖、花、瓶、鱼、结八种供品，藏文谓之"八吉祥像"。轮即法轮，是古印度传说中统治宇宙的转轮王的手中的法宝，传说有此法宝，可以不用一兵一卒，就能征服一切敌人。大梵天和帝释天曾分向佛祖释迦牟尼敬献金轮求法，故称法轮。佛说大法圆转，万劫不息，寓意誓不转退；伞即宝伞，也称宝盖，是古印度帝王所用的伞，如佛、菩萨、帝王等居于最高地位者才有资格享用佛说。张弛自如，曲覆众生，寓意慈荫众生；螺即法螺，是海螺中的稀世珍品，据称闻其声者不堕地狱，不转生畜生和恶鬼道。佛说具菩萨果，妙音吉祥可以召唤天神；盖即白盖，也叫幢、尊胜幢，呈圆柱形。它不能像伞那样可以曲张。白盖原本是古代印度的军旗，后被佛教采用来代表解脱烦恼，得到觉悟的象征。佛说遍覆三千，净一切药之可以庄严佛土；花即莲花，象征出污泥而不染的高洁品德和如莲花开放的圆通智慧。佛说出五浊世，无所染着，象征清净无染；瓶即宝瓶，即聚宝瓶，象征财富源源不断。佛说福智圆满，具备无漏，象征甘露清凉；鱼即金鱼，象征自大与解脱，也象征慧眼。鱼行水中，畅通无阻。佛说坚固活泼，解除坏劫，寓意福德有余；结即盘长结，象征着代表有关宇宙的所有理论和哲学的《梵网经》。吉祥结原初的意义象征爱情和献身。佛说回环贯彻，一切通明，寓意吉祥如意。八宝由眼、耳、鼻、舌、身、意、藏所感悟显现，描绘成八种图案，作为佛教艺术的纹饰。至清乾隆年间又将它制成立体造型，常与寺庙中的供器一起陈设。八宝虽为佛前供品，因其寓意吉祥，所以在家具、器皿、服饰上也广为应用。哈达是宗教界向神敬奉的供品，它的意思是"是神的光辉，萦绕的祥云；是神的化身。它表示与神同在，幸福无边，吉祥如意"。

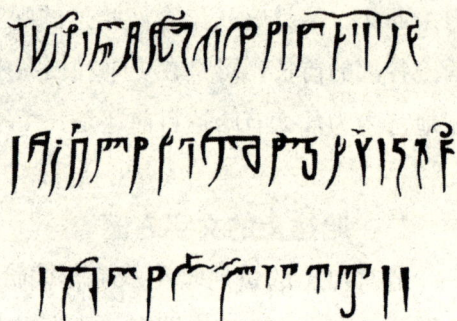

容妃地宫出土的哈达残片上的图案和文字

三、有椁无棺之谜

清理地宫时，容妃的棺床上只是一具空外椁，没有内棺。寻遍地宫内的每一角落也没有发现内棺，甚至是内棺残片。难道是盗墓贼把内棺盗走了？通过分析可能性几乎是零。无论是档案记载，还是实物考证，清朝无论帝后梓宫还是妃嫔、皇子等人的金棺都是有棺有椁的，并且棺和椁之间留有一定的空隙，意在以椁保护棺，从而更有效地保护尸体。从国内外发掘的帝王陵墓来看，棺椁的用料是不相同的，而层数也是有很大差异的。在埃及图坦卡芒法老陵墓的发掘中，发现了有石制的椁，椁里面还有两层黄金制成的棺。而在中国明朝时期帝后的梓宫，大多数是采用一棺一椁的形式。明朝十三陵的定陵明神宗朱翊钧及其两位皇后所用的棺椁即可证实。

另外，目前已清理开放的清朝皇陵地宫中，并未发现有椁无棺的情况。清陵地宫内所有棺木皆一椁一棺，这在已清理的清朝四座地宫（乾隆陵地宫、崇陵地宫、慈禧地宫、纯惠皇贵妃地宫）中得到完全的证实。

为什么容妃的棺木没有内棺只有外椁呢？是当时根本未用，还是被盗墓贼毁掉了？还是与容妃的宗教信仰有关？这个谜至今也未能彻底解开。

2003 年 5 月 19 日的《人民政协报》上，一位署名文刀的人在《香妃与香妃墓》一文中写道：

容妃的殓尸木匣（我们暂时称为木匣，因为木匣无底，有底则为棺，穆斯林去世后可用木匣，因为没底，就不失为土葬——入土为安）。木匣头上有用阿文写的'清真言'，据说墓道也有阿文《古兰经》篇章。可惜经过风化、剥蚀，这些文字现在已无法看出了。这样，从容妃的头骨、发辫可以鉴别出她是维吾尔族人，从殓尸木匣（不是有底的棺）及其古兰经文，可以断定她是穆斯林，我们就有充足的理由说：容妃就是香妃，香妃的金身墓葬在东陵。

在此，笔者需要说明的是，容妃的棺木是一具标准的清式葫芦材。其棺木（被盗的洞口早在地宫开放之前修补好，现在仍能隐约看到修补过的痕迹）现在依然安放在地宫的棺床上。

据清宫档案分析：乾隆帝一向尊重容妃的民族习惯和宗教信仰。容妃入宫后，允许她穿本民族的服装，还专门给她配备了回族厨师。在赏赐妃嫔食物时，乾隆帝也总是顾及容妃的宗教信仰，从不赏给她伊斯兰教规定禁用的食品。所以由此可以推想，在容妃的丧葬典制上，乾隆帝也一定会尽量尊重其宗教信仰和民族传统丧法的。

据清陵专家徐广源分析，乾隆帝很有可能为了维护皇家的尊严，还要照顾容妃的民族习惯和宗教信仰，于是表面上遵循大清的丧葬制度，但在具体处理上，只用外椁不用内棺，这是一种两全其美的折中方法。具体真相如何，还有待进一步考证。

四、出生地之谜

关于容妃的出生地也是众说纷纭，目前称有四处：

1. 档案记载的家族世代居住在新疆的叶尔羌

据记载，容妃家族世代居住叶尔羌，但没有进一步写容妃具体出生在那里，因此不能肯定、但也不能否定容妃是否在那里出生。

2. 萧雄所写《西疆杂述诗》中称"香娘娘"为新疆的喀什噶尔人

说"香妃"（容妃）是新疆的喀什噶尔人，有些是道听途说之感，不可相信。因为萧雄是清军的幕僚，只是听别人这么说起，就把这种说法记录了下来，并没有经过他本人调查和其他人的考证。

3. 新疆伊犁

据记载，容妃的父辈额色尹等和卓是 1713 年被押往伊犁的，而容妃生于 1734 年。因此，伊犁有可能是容妃的出生地。

4. 新疆乌什

对于容妃出生地是新疆乌什的这种说法，笔者认为还是有可能的。前文提到毛拉木沙·塞拉米在《伊米德史》里记载，南疆少女被送给皇帝后，因想念家乡及素有"金花银叶铁干干"之称的沙枣树而哭泣，于是皇帝下令将沙枣树移植京城。这个故事与乾隆三十年（1765）朝廷科派沙枣树徭役是基本吻合的，在历史上，还因为那一次唯一的科派沙枣树事件而引发了有名的新疆乌什人民抗清起义。

据记载，那次起义的背景是这样的：乌什起义是由于该城阿奇木伯克阿卜都拉及清派驻大臣素诚残暴压迫维吾尔群众引起的。阿卜都拉是哈密郡王玉素布弟，从清军平霍集占有功，受命为三品官职的南疆六大伯克①之一的乌什阿奇木伯克。据《清史稿》记载，阿卜都拉性情残暴，对乌什人民经常鞭责凌辱，并且多方勒索财物。他还从哈密带来部分随从作为心腹，这些随从假借其势作威作福。清政府派驻乌什的办事大臣、副都统素诚，非但不能约束阿卜都拉及其随从的暴行，还与其他办事人员任意奸淫妇女、科派群众。乾隆三十年（1765）二月十四日，接受押送沙枣树任务的小伯克赖和木图拉因不知道发往地点，向阿卜都拉请示反遭毒打，并且素诚和阿布都拉又派素诚之子看押赖和木图拉带人发送沙枣树及官吏行李。虽然赖和木图拉也为小伯克，但他不仅自己受素诚父子欺辱，就是他的妻子也曾受到奸污，于是当晚，他就带领发送沙枣树的 240 名民夫向驻守乌什的清军发起进攻，占领仓库，烧毁衙署，迫使素诚父子自杀，擒获阿布都拉。清政府驻阿克苏副都统卞塔海、喀什参赞大臣纳世通等闻讯纷纷率兵前来镇压。起义队伍恃险踞守，与清军对峙达半年之久，于八月二十五日被清军击败。乌什起义沉重地打击了清政府

---

① 六大伯克：其他为叶尔羌伯克鄂对，喀什噶尔伯克色提巴尔第，库车伯克鄂斯满，和阗伯克汉咱尔巴，阿克苏伯克达墨特。

在新疆南部的统治，迫使清政府采取一些改革措施以缓和矛盾。

乌什起义的导火索是科派沙枣树引的。这种沙枣树在新疆很是普遍的，沙枣也算不上是乌什的特产，于是这里就有一系列的疑问：为什么要科派沙枣树而不是沙枣？为什么把这项政治任务交给乌什？既然是科派就应常年如此，为什么唯独沙枣树科派只有一次？当乾隆帝知道征发240人送沙枣树时，为什么责怪当地官员使用民夫过多呢？如果说在乌什科派沙枣树是因为那里是容妃的家乡，依旧有无法解释的地方，即为什么当乾隆帝知道乌什发生抗清时，乾隆帝还下令大肆屠杀乌什的百姓呢？难道他就没有考虑到这对容妃会是多么大的打击吗？由于无法合理解释上述的疑问，因此，容妃的出生地目前还是一个未解之谜。

五、入宫之谜

据现有档案记载推算，容妃进入皇宫的时间应在乾隆二十五年（1760）正月十五日至二月初四日之间。那年正月十五日，乾隆帝在圆明园正大光明殿设宴款待了外藩蒙古贵族等很多人，其中也包括容妃的五叔、哥哥、堂兄等人。按照原先公认的说法，容妃是被自己家族送入皇宫的。笔者对这一说法提出质疑：是为报皇恩浩荡送容妃进入皇宫，还是乾隆帝为了笼络这些人，而令这些人送容妃入宫呢？

据笔者所知，清初皇帝是有选"出众女人"入宫这一习俗做法的。顺治元年（1643）六月初一日《清初内国史院满文档案译编》上记载：

俄罗塞臣、巴都理获黑龙江出众女人三十名、女俘五十一名、短貂皮端罩一、散貂四百九十二、元狐一、红狐六、水獭六、猞猁狲皮端罩二、灰鼠皮端罩一、散灰鼠一千零一十五、白兔皮十六。

沙尔虎达获东省出众女人四十三、貂皮袄五、散貂一百八十五、貂及灰鼠浑皮袄七、狐皮端罩一、散狐二十七、水獭三十四、灰鼠四百三十。

合以上两处女人，其俊雅者被皇帝选取六名，又发给六家各两名。

这样说来，容妃是被乾隆帝选中进入皇宫还是被家族推荐进入皇宫的，目前还是一个未解之谜。

六、婚姻之谜

容妃进入皇宫时，已经是虚岁 27 岁（周岁 26 岁），这个年龄不用说在早婚的封建年代，就是提倡晚婚的今天也属晚婚年龄。容妃在入宫前到底结过婚没有？如果已经结过婚了，她曾嫁给过谁？在那个年代，如果 27 岁的女子还不结婚，那是难以想象的。

一位署名艾哈迈特·霍加的人在《清史论丛》2009 年号刊物上撰写文章《"香妃"的传说：大小和卓木政权灭亡后被迁居北京的维吾尔人的历史记忆》，作者在文章中称：清朝时期的新疆维吾尔族女孩，大多数在十四五岁前就已经结婚。

在文章中，该文作者还对容妃的名字做了一番研究，他称，通过对满文档案的研究发现，容妃原名叫 Fatim?[①]，是图尔都和卓之胞姐，是小和卓木霍集占已离弃之妻 batma ，和卓木与之结有世怨。霍集占娶此女居有间后弃置，出逃时付与他人看管。其满文为：hojijan i hokoho hehe batma serengge turdu hojo i banjiha ey ū n hojom esei baru jalan holame kimun ofi hojijan ere hehe be gaifi emu ucuri banjifi waliyaha ukara nergin de niyalama de afabufi tu-wakiyabume gamaha bihe

abkai wehiyehe i orin duici aniya uyun biyai orin uyun de

fulgiyan fi i pilehe

hese saha sehe

译文：霍集占已离弃之妻 batma ，乃图尔都和卓之胞姐也。和卓木与之结有世怨。霍集占娶此女居有间后弃置，出逃时付与他人看管。

乾隆二十四年九月二十九日

又据乾隆二十五年正月二十九日的一道满文奏折记载，当时送到北京的这些维吾尔族人和卓木家属人名单是：

大和卓木布拉呢敦之妻　　aila

[①] "Fatim ?"为容妃的维吾尔文名字拉丁文写法，batma 为满文名字的拉丁文写法。

布拉呢敦巳离弃之妻　bahati

bahati 之父　apis mahamedi

小和卓木霍集占之妻　batma

霍集占之族叔　mosa hojo

mosa hojo 之妻　asupiyoo

子　memedemin　　其妻　taigas

子　k'ater

子　soltakarib

女　nisa

mosa hojo 之弟媳　arkai

子　madi

女　mamur

跟从照料这些人而来的女人为：batma、kurbe、barci、cacin

以上共计 18 名口。

对于维吾尔族家族之间是否有近亲结婚，该文作者也作了解释：维吾尔族历史和维吾尔族风俗习惯与汉族观念不同。即维吾尔族宗教贵族实行家族内婚制，一般很少与家族之外人通婚，在维吾尔族观念中，血缘出了三代是可以通婚的。

对于乾隆帝为什么会娶这样的一个女子？该作者在文章中则有这样理解和解释：

Fatim？作为小和卓木霍集占的妻子，既是已婚之人，又是清高宗敌人的妻子，她又怎么会被纳入宫中为妃呢？这则是因为满洲人的传统。前文，笔者已以清太宗娶蒙古察哈尔汗之妻窦土门福晋一事探讨了清代官修史书中对"香妃""失载"的可能性。而对此事还可以从另一个角度来理解：蒙古察哈尔汗也是清太宗的敌人，而且也败于清太宗。而清太宗纳其妻正体现了欧亚草原游牧、渔猎民族的一个传统，即皇帝将战败敌酋之妻——且是正妻——纳为己有来炫耀其胜利与武功，同时也是对战败者的羞辱（古今中外各类史书中不乏此等事例，此处不再赘引），并且那位女子往往还会十分受宠。而此处，清高宗将 Fatim？纳入宫中应该正是遵循的这一传统。

在文章的最后，该作者认为容妃与"香妃"是两个人。那个所谓的"香妃"在北京后因档案记载上的缺失又很快"失载"。

对于以上说法，笔者颇感不解，对此笔者再次仔细核对了一下以前其他满文档案的翻译，发现两者有一个共同点，即前文作者与之前研究者都认为图尔都与容妃和"香妃"有亲缘关系，学者认为图尔都是容妃的哥哥，而该文作者说图尔都是容妃的弟弟，在满文中"哥哥"与"弟弟"这两个词语的翻译不应该一样的吧。

若真如该作者所言，皇宫中的容妃就是小和卓木霍集占的妻子Fatim？了，为了拉拢当时的新疆维吾尔贵族，于是乾隆帝按清初习俗将Fatim？纳入后宫，那么，此处不但可以解释容妃进宫前是否婚配，还无形中与传说"香妃"是回部王妃这点符合了，只是这个"王妃"没有反抗乾隆帝，更没有被太后赐死。因此，按照传说"香妃"是叛酋王后以及该文作者考证容妃是小和卓木遗弃妻子来看，传说的"香妃"则更应是清宫记载的容妃，即"香妃"与容妃就是同一个人。所以乾隆帝所见到的和身边存在的只能是这个容妃，即小和卓木被遗弃的妻子Fatim？，根本不存在一个叛逆的王妃——"香妃"，因此也就不存在满、汉档案记载中恰巧"失载"有一个叛逆的"香妃"。

不可否认，由于一些满文档案的缺失，容妃进皇宫前的身世至今也没有解开，到现在仍是一个未解之谜。因此，对于容妃的一些研究至今并没有随着时间的过去而终止，只能是随着更多档案的发现更加深入的进一步的研究下去。

第二节　遗憾：忘记清理地宫金井

金井是陵寝建筑地宫中不可缺少的重要部位。《汉唐地理书钞》说：古代有金人以金杖撞地而成井，深不可测。金者，宝贵也，故有"金井"之称。

在民间传说中，皇家皇陵地宫金井既神秘又神奇。说它神秘，不仅是因它在地宫深处不易见到，封建统治者对它的格外保密，更多的是因盛传入葬后的棺椁放在金井上，因金井能够沟通世间阴阳之气，尸体不但不腐烂，而且能使死者灵魂自由来往于阳世与阴世之间；说它的神奇在于，据说金井里的水不仅清澈甘甜，是无根之水，更让人惊叹的是，不论是大雨连绵的夏季，还是百年不遇的大旱，金井里的水不升不降，总是

崇陵地宫金井兽盖头

那么多，那么的平静。对于这样的说法，有人说是因为金井的位置点得好，不但有神灵镇着它，护着它，而且还有许多珍宝在里面溟着它；也有人说因为金井是通向大海龙宫的海眼，有龙王在里面看守地宫，所以水在任何时候也不会溢出而浸泡到尸身的；更有一些人认为金井里面的水能治百病。所以，人们又把地宫中的金井称为"金眼吉井"。

金井真的那么神秘莫测吗？事实上并非如此。清朝陵寝的金井也叫"金井透眼"、"穴中"。从明清两代帝王陵寝发掘资料来看，在陵寝地宫的核心，棺床正中央的位置，有一个圆形通地脉的深孔，这便是颇具神秘色彩的"金井"。

金井虽然名之为井，实际上却是一个直径仅14厘米左右、深只有1米左右的竖向圆孔，孔内无水。金井井口上有盖两种，一种叫"穴眼盖"或"金井盖"，另一种叫"穴眼浮盖"或"金井浮盖"。金井不仅是地宫的核心，而且还是决定整座陵寝平面布局和各单位建筑的水平高低的尺度。所以，在营建陵寝时，首先要确定金井的位置，即"点穴"。

在陵寝动工之前，先在穴中处搭起一座罩棚。破土时，在金井位置开一个大槽，在穴中心处留出一个土墩，土墩的土称"原山吉土"或"金井吉土"，该土不能见日月星三光。取出少量原山吉土呈递给皇帝验看后，妥善保存在陵寝事务衙门。地宫建成后，大葬之前，要把一些珍奇宝物陆续放入金井内，

以求镇墓、息壤。金井穴眼用浮盖覆罩；大葬时，将保存在陵寝事务衙门内的用黄绸包的原山吉土放入金井内，并撤去浮盖，然后安奉棺椁于金井之上。

金井就是风水家所点的"穴"位。"穴"便是营建陵墓和住宅的中心点，具体来说，"京都以朝殿为正穴，州郡以公厅为正穴"；"寻龙容易点穴难"（《葬经》），"穴"是风水家最重视的。堪舆家察牧堂说："定穴必以浅深为准的，当浅而深，则气从上过；当深而浅，则气从下过。"这是说应找出有利于保护棺椁的土层。实际上，风水家在点穴之后，均要进行坑探以判明土层地质真实情况，如不合适，则要前后左右移位，问题严重者则弃之不用。

清朝的帝王和历代帝王一样，认为陵寝是"关乎天运之发祥"的头等大事，如果能选择到一块上吉佳壤，可以"垂宝祚于无疆，绵福祉于有永"。而金井位置的确定又是其中关键的一环。金井位置定得合不合宜，能决定陵

①金井：选勘陵寝基地的地质采井，用以判明工程地质情况。

②金井吉土：即原山吉土，大槽（地宫基槽）开挖后，保留在穴中下方的中心墩。

③金井：陵寝建筑设计的控制基准。在平面上，决定陵寝中轴线；在竖向上，以穴中出平（穴中位置原始地表标高）为整修陵寝建筑竖向设计的基准标高。

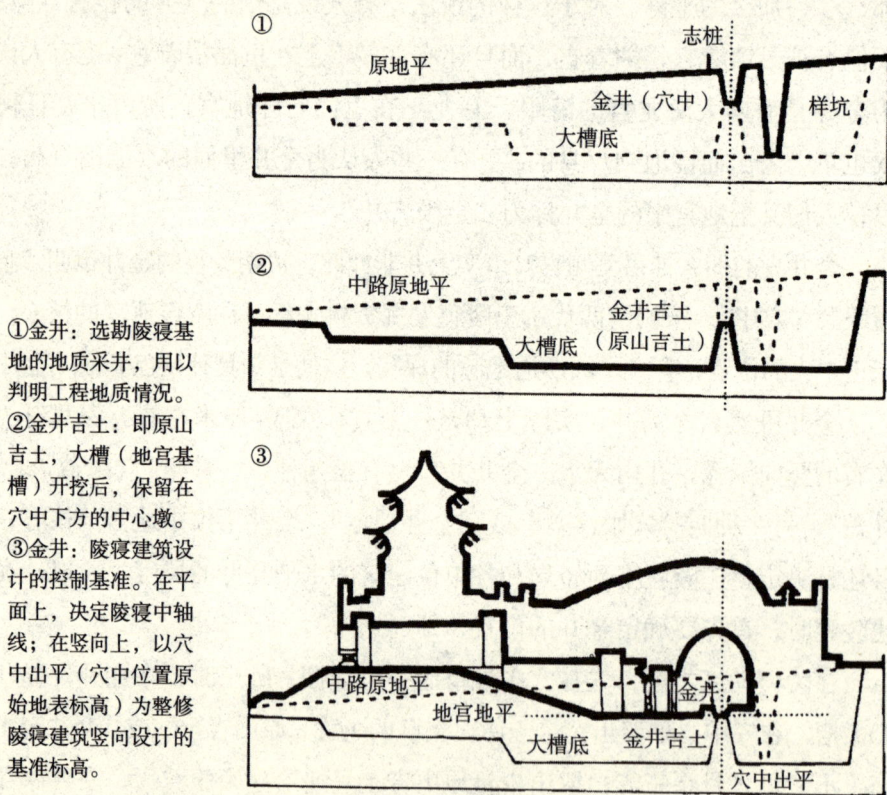

地宫金井位置示意图

寝工程的成败。道光帝最初在遵化东陵的宝华峪建的陵寝，因穴位点得过于靠后，接近后宝山，以至所有建筑都靠后，地宫槽中开出山石，挖出山泉，最终导致拆毁全陵。在风水理论中，有"三年求地，十年定穴"的说法，虽然有些夸张，但也足以说明点穴的重要。

在《清史稿》中有顺治帝为自己的陵址亲定穴位的记载：

康熙二年，相度遵化丰台山建世祖陵，曰孝陵。先是世祖校猎于此，停辔四顾曰："此山王气葱郁，可为朕寿宫"，因自取佩鞢掷之，谕侍臣曰："鞢落处定为穴"。至是陵成，皆惊为吉壤。

民间还传有乾隆帝秘密为自己陵址定穴位的故事：相传乾隆帝曾亲自带着几名亲信来到胜水峪，但见那里蒿草丛生，野花怒放，紫气蒸腾，一派天赐的自然的美丽风光。乾隆帝在这里逗留了很久，最后，他从怀里取出一支扳指，择最吉处，小心翼翼地埋入了地下，这个穴位便是后来乾隆帝的裕陵金券内的金井位置。

在金井里放入原山吉土，是源于人类来于自然，死后亦回归自然，皇天后土是人类生死存亡的栖息之处。只有生死与自然融为一体，生者与死者的灵魂才能对话，人的生生死死才能久兴不衰、长存世代……这种似是非是、似通非通的宗教思想，使得历代皇陵在修建之后，总是把少量的原山吉土放入地宫金井之中。金井、土地、灵魂，三点一线，血肉相连，息息相通，这融宗教与文化于一体的神秘风俗，千百年来，备受历代封建帝王的重视。

据天津大学著名建筑专家王其亨教授研究，由于严格的等级制度，清朝陵寝地宫里的穴中，只有皇帝陵和皇后陵的才能称"金井"，井里的土称"原山吉土"，妃园寝的只能称"气眼"，里面的土只能称"气土"。其实无论叫"金井"还是称"气眼"，只是因级别不同而名称不同，但实际作用是一样的。从已经发掘的明定陵地宫来看，不仅后殿（相当于清陵的金券）有金井，而且在东西配殿的棺床上也各有一个金井，而且井口呈方形的。清朝陵寝，凡是建两座地宫以上的陵寝，均是一座地宫一个金井，有几座地宫，就有几个金井。这一点在妃园寝中体现得最为明显。纯惠皇贵妃地宫只有纯惠皇贵妃棺椁下有一个气眼（金井），那拉皇后作为配角，没有气眼（金井）。而容妃地宫则有一个气眼（金井）。

既然金井在陵寝中的地位这么重要，可令人遗憾的是，清理容妃地宫时竟忘记对气眼（金井）进行考察和清理了。笔者对此有些不相信，于是查看了当时清理容妃地宫记录，记录中没有金井方面的记载。又请教当时清理过地宫的其他人员，均只是说棺椁东西方向横放。按常规，容妃棺椁应南北向放置，这只能是说明棺椁被移动了方向，并未说露出金井。容妃地宫金井当时未被清理，是未发现还是忽略了，不会看见一个小洞而不去理会吧，唯一可解释的是，清理地宫时，金井还在棺椁下面，实际情况不得而知。查遍所有有关书籍也未有记载，徐广源也回忆不起来了，称当时地面上全是没过骨头深的泥浆，只是把重点放在寻找头颅骨上，时间不知怎的就过去了，以后也没有人提起，更谈不上清理了。容妃地宫金井里有没有随葬珍宝？是否被盗过？现在仍是一个谜。

地宫金井内安放镇墓避邪宝物，并不是主观臆断和凭空想象，更不是空穴来风，而是有根有据的。据中国第一历史档案馆的清宫档案《菩陀峪金井安放账》和《大行太皇太后升遐记事档》中对地宫金井内安放宝物有明确记载：

光绪五年三月二十五日，钦奉懿旨交下，金枣花扁镯一对、绿玉福寿三多佩一件。

光绪十二年三月初二日，放入的有：红碧玑镶子母绿别子一件、红碧玑长寿字佩一件。

光绪十六年闰二月十九日，钦奉懿旨交下，正珠手串一盘（此件在光绪二十四年闰三月初五日，慈禧派人取回）、黄碧玑葡萄鼠佩一件、红碧玑葫芦蝠佩一件、绿玉佛手别子一件、红碧双喜佩一件。

光绪二十八年三月初十日，钦奉懿旨交下，白玉灵芝天然小如意一柄、白玉透雕夔龙天干地支转心璧佩一件、红碧玑一件。

光绪三十四年十月十二日，宁寿宫首领永喜奉懿旨将下列珍宝交庆亲王放入金井：金镶万寿执壶二件共重一百九十七两七钱一分，上镶正珠四十颗，盖上镶正珠六十颗、米珠一千零六十八颗，真石坠角；金镶珠石无疆执壶一件上镶小红宝石二十二块、小东珠、米珠七百五十八颗，共重九十一两六钱；金镶真石玉杯金盘二份各盘上镶东珠八颗，杯耳上镶东珠二颗，共重六十六两五钱五分；金镶珠杯盘二份各盘上镶东珠八颗，杯耳上镶东珠二颗，共重六十八两三钱八分；金镶珠石无疆执壶一件上镶小宝石十六块，底上镶小东珠二十颗，盖上镶小东珠二百四颗，米珠璎络五百三十四颗，真石坠角，共重九十三两七钱；雕通玉如意一对。

光绪三十四年十月十五日，宁寿宫首领永喜奉懿旨传交内务府大臣奎俊、继禄、增崇：金佛一尊镶嵌各种珍珠二百六十九颗、玉佛一尊、玉寿星一尊、正珠念珠二盘每盘计珠一百八颗、雕珊瑚圆寿字念珠二盘每盘计珠108颗、五等正珠念珠一盘、珊瑚念珠一盘。

以上只是档案中记载的一部分。

妃子等级地宫虽然远不能与慈禧地宫相比，但金井中总应该会有一些东西的。

1928年7月，国民革命军第六军团十二军军长孙殿英利用7天7夜的时间，盗掘了裕陵地宫和慈禧陵地宫，掠走了大量珍宝。一位曾经参与盗掘慈禧地宫的匪军连长有如下的一段回忆：

鄙奉令掘西太后陵，当时将棺盖揭开……棺中珠宝尽，再索墓中各处殉葬之物。棺底掀转，现一石洞，中储珍宝亦尽取之。搜毕，由孙殿英分配，兵士皆有所得。贵重大件，用大车装走。

1980年4月，清西陵文物管理处在清理光绪帝的崇陵地宫时，从地宫金井里清理出20多件珍宝，并且这些随葬品大多是清宫档案记载中所没有的，也就是说地宫金井内的随葬品不仅有，而且实际要比档案上记载的还要多。

1984年清理慈禧内棺时发现，慈禧棺椁内仍保持着孙殿英盗掘后，溥仪派人重殓时的状态。从1928年7月到1979年清理慈禧地宫这段时间里，慈禧陵地宫没有被第二次盗掘、扫仓。1979年清理慈禧陵地宫和1984年清理慈禧内棺时，也并未有清理金井，为什么当时未清理金井，是无意间忽略，还是认为小小金井里的东西已经被盗不会再有什么东西了，或是清理了，因未发现有东西而未作记录？现在不得而知。

容妃地宫金井当时未被清理这件事情，已成为中国考古史上的一个重要"失误"。

第八章　历史走入人们生活

乾隆帝的容妃因走红而成为公众人物后，人们希望能够参观她的墓地，并期待着用现代科学技术手段对她的头骨进行画像还原。

第一节　容妃地宫对外开放

通过考古发现，裕陵妃园寝的这些地宫因为没有龙须沟这样的排水设施，每当雨季到来时，地宫内总会有积水。为了避免以后渗水再度浸泡棺椁，在清理完容妃地宫后，东陵保管所古建队在容妃宝顶的西侧南面挖了一个渗水井，在井内又横向朝地宫方向挖了通道，通道上凿了几个透孔与地宫相连。一旦地宫出现积水，就能及时排到外面的渗水井中，然后用抽水机抽出。由于地宫的盗口在宝顶前的踏跺处，为了保护容妃地宫的完整性，将地宫的入口处选在了月台踏跺南的东西两侧，并在入口安装了轨道、遮雨铁盖，在雨雪天气将地宫入口盖住，防止雨雪水从入口处流入地宫。

容妃地宫清理后，清东陵文物保管所向上级文物主管部门申请开放裕陵妃园寝及容妃地宫。

河北省文化局作为河北省的最高的文化管理机构，对清东陵文物保管所要求开放裕妃园寝请示给唐山地区行署文物局发来一份文件。

唐山行署文化局：

　　关于清东陵裕妃陵容妃墓坍塌后能否维修开放和如何保护问题，经调查了解和研究，裕妃陵建筑残坏严重，尚未整修完整，加之裕妃陵前又盖了两排平房，把裕妃陵全部挡在后面，不仅破坏了文物风景的完整和面貌，而且也不利于参观游览，因此，目前单独开放该园寝条件尚不具备。

　　为了保护好容妃墓，先把盗洞口用水泥板盖住，石活归安好，保持原来面貌，待以后根据情况，能否开放，再进行研究确定。

这是清理完地宫后修建的容妃（香妃）墓前的地宫入口

一九七九年十月二十三日

　　清东陵接到这样的答复，自然不大满意，于是根据答复提出来的问题进行了一系列的整改之后，再次提出开放地宫的要求。1982 年 12 月 13 日，清东陵接到了在唐山地区文化局关于转发省文物局通知给遵化县文教局的文件：

遵化县文教局：

　　关于开放裕妃园寝的问题，近接省文物局便函通知，现将原文抄录如下。

唐山地区文化局：

　　经国家文物局批准，同意你局关于开放清东陵裕妃园寝意见。在开放中，希望注意古建筑的保护和游人安全。

河北省文物局

一九八二年五月十八日

请你们按省局意见办，并通知东陵文保所。

地区文化局

一九八二年十一月十五日

遵化县文教局接到这个通知，自然也很高兴，于是将此通知转发给清东陵文物保管所。

东陵文保所：

今将地区关于开放裕妃园寝的通知抄给你们，请你们（按）上级意见办。

一九八二年十二月十三日

在上级单位的关注下，清东陵裕陵妃园寝于 1983 年 5 月 1 日终于对游人开放了。裕陵妃园寝及容妃地宫的开放，为人们进一步了解容妃提供了便利条件。

第二节 “香妃”在网络上复活

“香妃”，这位因带有政治色彩而闻名遐迩的少数民族女子，因为至今未在清宫中发现其真正的画像，因而在人们的心中也就越发的迷离传奇。

然而，当时间悄悄地来到 2007 年 8 月 20 日这一天，谁也没想到，二百多年前的那个古代美女——“香妃”在网上复活了。

原来，中国刑警学院首席教授赵成文借助一张在河北遵化清东陵发现的香妃头颅骨照片进行了电脑合成，再现了去世二百多年的香妃容貌。

赵成文，专业技术一级警监，我国著名刑事相貌学专家、痕迹学专家、痕迹考古学家，享受政府特殊津贴。因其复原过十多幅古人的画像，在业界有“古尸复原大师”之称。曾利用所掌握的现代技术和考古知识，成功地将历史上的两位美女——辛追夫人和楼兰少女的容貌复原。

"从照片上看，头骨已经有所变形和缺损，"赵成文教授说，"这加大了还原的难度。"赵成文教授曾经看到过一电视台记者给他的一张"香妃"照片，他对那张被认为是郎世宁画的"香妃"像感到质疑："这位'老外'怎么会欣赏中国美女？"赵成文教授觉得那些画像不是他心目中的"香妃"样子，复原"香妃"原貌成了他心底最大的一个愿望。

在"香妃"像复原图复原过程，赵成文主要是分为三步完成的：

第一步：确定人物年龄为30岁左右。根据刑事相貌学原理，用19条标线确定香妃头骨的五官位置、大小。

第二步：按照人体解剖学、法医人类学原理，从"人像模拟组合系统"中找到了相匹配的五官："甲"字形脸、杏核眼、柳叶眉……

第三步：结合人物的身份和文化背景进行修改。

"从照片上看，头骨已经有所变形和缺损，这加大了还原的难度。"赵成文说，"她的上牙床和下牙床都只有一条线了，下颚被石膏之类的东西填充，还缺了一段。所以，如果头骨完整的话，还原出来的'香妃'还要更漂亮、更准确。"

两天后，一位高鼻深目、肤白如雪的古代美女出现在电脑屏幕上。

在现实中，"香妃"的渗透力果然非同一般，"香妃"复原图片在网上一经曝光，立即引起了网友的注意和讨论。

说真的，她，我觉得不算美女啊……当然，是个人的感觉。你们觉得呢？而且，不是说头骨已经有所变形和缺损吗？所以我觉得不是很可靠。就像以前，曾经根据康熙几十副画像还原康熙面貌一样，并不很可信。

——一个叫"不如保成"的网友

对比看看不怎么像!!还是画像好看！

——一个叫"爱子"的网友

不像西域来的人嘛！画像倒是有西域的特点。

——一个叫"天使狗"的网友

赵成文，我很早就知道他了，他还复原过辛追、康熙、明朝王妃等人的头像，其中辛迫的复原图最为漂亮。容妃的相貌复原肯定和本人有差别，而且误差比前几位的都要大，因为容妃头骨比前几位的缺损程度更为严重。

——一个叫"寒冰雪"的网友

美不美先不论，复原得实在不像，还不如用《塞宴四事》（正面）和《威弧获鹿》（侧面）做参考呢，容妃的画像留下不少，都和这个复原的差别很多，眼睛没有这么圆，鼻子是尖尖的，也没有这么方。最可恶的是，居然发型配的还是那幅所谓的《红色香妃旗装像》上的。那幅画早已被证明是赝品，证据之一就是乾隆朝的人居然穿着光绪朝风格的旗装。

原始头骨的鼻骨部分早已缺失了，居然还能复原出"朝天"或是"朝地"的效果，无疑某教授的创造能力，比某些写 YY 小说的还要强些！

——一个叫"和卓氏"的网友

我对这种貌似科学的头骨复原图抱强烈质疑态度。从常识判断，人的容貌很大程度上取决五官，光是其中眼睛的形状、大小和凸凹程度等就千差万别。人体头骨在眼睛的部分不就是两个黑框吗，据此，复原出主人生前真实的眼睛，这其中臆测的成分有多么大啊！就如某些报道中神探是通过拜读吴翁的著作，还三次自费到他的故居最后才确定了眼神一样，清楚地说明了人像复原中科学程度的多寡。更何况还有鼻子嘴唇等，每一个细微变化就足以影响人的容貌，否则很难解释，中国人那么多，要找到两个长得像的很难。因此，通过这种方式复原出的人像与真实的人像恐怕相差太大了。我相信如果请另一神探来复原恐怕该是另一番模样了吧！

——一位叫 zhulinghangli 的网友

在谈"香妃"复原图是否符合自己心目中的"香妃"模样时，更多的网友则表示复原的所谓"香妃"更像现代人。对此，新疆则有人这样评价："香妃"可是我们新疆的历史名人，一看这眉毛，就能知道是我们新疆的美女，我不知道"香妃"到底是不是这样子，但在我们心目中，她怎样漂亮都不过分。

每一个人物画像的复原过程中，必然会受复原操作者个人因素的影响。对于赵成文教授复原古人头像的真实性，很多人提出了种种质疑。由此看来，"香妃"真实的历史面目还会这样无休止的争论下去的。

尾 声

在清东陵工作和生活，使我对清东陵的一砖一石和一草一木都产生了浓厚的感情，它的文化和精神博大精深，令我震撼的同时，也令我的内心受到感动。每次站在裕妃园寝里，我的思维中就会想起"香妃"的故事。

裕陵妃园寝在 20 世纪 80 年代才修复一新，园寝的东西厢房和东配殿已荡然无存，只存有台基了。清东陵文物管理处曾在裕妃园寝的享殿内举办过容妃（香妃）出浴时的展览。而我更多的时候则坐在享殿的门槛上，倾听着导游员们述说"香妃"那富有传奇色彩的故事。站在容妃地宫里，看着早已破旧的棺木——它里面曾经安睡的是传说中的"香妃"。

本来，乾隆帝的容妃在清朝历史长河中，只能算是一滴默默无闻的水滴，在清朝后妃中也并不出众，但在改朝换代、朝代更新的民国初期，却忽然以一个反叛国家统一的少数民族的贞节烈女形象出现在人们面前。由此可见，乾隆二十三年（1758）的那次清军在塔里木地区消灭了反叛国家统一的大小和卓木的战争，无论是在维吾尔民族史还是在清史上，都是中国史上一起重大并影响深远的历史事件。随着时间的推移，虽然与此事在历史档案中已被渐渐落满了尘埃，但被迁往北京的维吾尔族人中的一位美丽女子的经历后来竟以传说的形式流传了下来，并在清亡后传遍了整个中国乃至世界，而这位女子就是乾隆帝的容妃。容妃与传说中的香妃既有相同点也有不同点，那么善良的人们如果辨别其政治地位和真实身份呢？经过史学工作者的艰辛努力和近代考古的发现，大多数人们终于认识到，传说的"香妃"与历史上的容妃是同一个人，她作为一个女子，她作出了舍小家而为大家，放弃私人利益而顾全国家、民族大局关系的立场上，以和亲的方式维护了国家的统一、民族的和解，这样的思想和行为符合历史发展的趋向，适应热爱和平的人们心愿，可歌可泣。

历史是不能改变的，也是不容改变的。

历史上曾为中华民族统一团结作出过贡献的维吾尔族女子、清朝乾隆帝的容妃，深明大义，在她家族协助清政府平定自己亲属分裂国家叛乱后，只身进入等级森严的皇宫深庭大院陪伴皇帝，为自己本民族与封建帝王之间架起一座直通桥梁，有效地化解了民族内部和各民族间矛盾。她的精神和做法在当时是许多人不能理解的，我们现在应给予正确的认识和公允的评价。

我国历史上，从戊戌变法到新中国成立前的 50 年，是一个离我们很近的时代，也是一个相对动荡的时代，还是一个内容极为丰富的时代。政权更迭，事件频发，战乱不断，山河破碎，社会观念的变化使得更多的人自觉或不自觉地参与和卷入到历史的激流当中，扮演了种种角色，传说的"香妃"就是很好的一例。在旧中国，由于不同阶层人的宣传和利用，把历史中的容妃扭曲成一个反叛国家，分裂民族的女"英雄"、"贞节烈女"，严重伤害并丑化了历史中的容妃形象，更重要的是歪曲了历史，给后人学习历史造成了不少的误解和麻烦。

历史是指向未来的一把标尺。

昨天、今天、明天，是一条一脉相传的线索，即使是现在无法预见到遥远的未来，时间也会使它化为历史。我们不可能生活在隔断历史、没有记忆的真空社会里。那么，能清晰、清醒和深刻地认识过去，就意味着能更好地把握现在，掌握好方向，走向美好的未来，这是被无数经验和教训所证明的铁的道理。

历史上的"香妃"是我们生活中的一面镜子，让我们共同努力留住这一段真实而美丽的历史。

附录

容妃清宫档案

附录一　容妃入宫后得到的赏赐

一、封为和贵人时的赏赐

1.乾隆二十五年二月初三日，封为和贵人。

二月初三日，总管王常贵传，皇后下学规矩女子封和贵人，自初四日起，冬例红萝炭五斤，黑炭二十五斤，柴四十斤。夏例黑炭十八斤。随首领孟奎章复行回过，总管王常贵、马国用、张玉，同知记此。

《内务府·乾隆至嘉庆年添减底档》

2.乾隆二十五年二月初四日，新封和贵人恩赐：

珊瑚朝珠一盘青金佛头塔，松石记念，碧玡玖背云、大小坠角；银镀金镶青金项圈一围嵌三等东珠一颗，色暗惊墨三等正珠六颗，珊瑚背云、坠角，共重六两二钱；金累丝凤五只共嵌二等东珠八颗，三等东珠八颗，四等东珠九颗，五等东珠四颗，无光东珠一颗，色暗三等正珠五颗，五等正珠五十一颗，红宝石五块，红宝石坠角四个，蓝宝石坠角一个，共重六两五钱；金累丝福寿面簪三块共嵌蚌珠二颗，色暗四眼二等正珠一颗，三等正珠一颗，五等正珠一颗，无光东珠四颗，小石果子二块，红宝石大小七块，共重二两八钱；金累丝葫芦簪一对嵌无光东珠六颗，蚌珠二颗，小正珠十颗，红宝石大小八块，蓝宝石二块，银铤，共重一两六钱五分；金累丝通气万寿如意簪一对嵌四等正珠一颗，湖珠一颗，红宝石四块，共重八钱五分；银镀金累丝莲花簪一对嵌红宝石四块，共重一两三钱；金累丝行龙面簪一块嵌色暗三等正珠一颗，四等正珠二十一颗，小正珠三颗，红宝石一块，红宝石坠角九个，共重一两九钱；金累丝翠挑牌一块嵌四等东珠七十一颗，三等正珠

151

一颗，色暗四等正珠一颗，五等正珠十六颗，红宝石二块，红宝石坠角三个，蓝宝石坠角二个，三等正珠一颗，共重三两五分；**金累丝宝莲流苏一对**嵌四等正珠八十八颗，四等正珠十颗，小红宝石十块，红宝石坠角五个，蓝宝石坠角四个，烧红石坠角一个，共重二两二钱；**东珠耳坠一副**无钩，计五等东珠三颗，色暗三等正珠七颗，色暗惊璺三等正珠二颗；金素手镯一对重一两二钱五分；**色暗惊璺一等正珠四十颗**重一两一钱五分；**色暗惊璺三等正珠一百颗**重二两；**碎小正珠四百八十颗**重八钱五分；拴扮手巾一分；翠顶花钿边一分；翠花一匣；金十五两系六成色；银二百两；大卷八丝缎四疋；大卷纱四疋；石青缎绣八团夔龙捧寿褂料一件；香色缎绣金龙袍料一件。

恩加：

小正珠八十颗重一钱四分；小正珠四百颗连绒共重三两六钱五分；大卷八丝缎四疋；春绸四疋；绫四疋；青缎白狐皮女褂一件；青缎黄狐肷女袍一件；紫缎镶领袖绵衬衣一件；石青缎灰鼠肷女褂一件；酱色宫绸羊皮袍一件；红缎绵衬衣一件。

《内庭赏赐例》四，乾隆叁拾伍年柒月贰拾柒日立

3. 和贵人所得赏赐

乾隆二十五年六月十八日，福建巡抚吴士功进鲜荔枝树五十八桶，共结荔枝二百二十个。本日，交吊下荔枝三十六个之内，拿十个进宫供佛，其余随晚膳后呈进。奉旨："明日早膳送"。钦此。于六月十九日，御茶房将荔枝三十六个，新交荔枝四个，共四十个，随早膳毕呈上览过。奉旨恭进皇太后鲜荔枝二个。差御茶房首领萧云鹏进讫，温惠皇贵太妃、裕贵妃每位鲜荔枝一个。赐皇后、令贵妃、舒妃、愉妃、庆妃、颖妃、婉嫔、忻嫔、豫嫔、林贵人、兰贵人、郭贵人、伊贵人、和贵人、瑞贵人，每位鲜荔枝一个。

乾隆二十五年六月二十五日，交来荔枝二十个，随果品呈锦囊妙计，上览过，恭进皇太后荔枝一个，差首领萧云鹏进讫，赐皇后、令贵妃、舒妃、庆妃、颖妃、忻嫔、豫嫔、郭贵人、伊贵人、和贵人、瑞贵人，每位鲜荔枝一个。

乾隆二十五年七月十四日，浙闽总督杨廷璋进蜜荔枝七十二瓶；本日，福建巡抚吴士功进蜜荔枝四十八瓶，二共一百二十瓶。恭进皇太后蜜荔枝八

瓶，差首领张义公进讫。给温惠皇贵太妃蜜荔枝二瓶、裕贵妃等位蜜荔枝四瓶。赐皇后蜜荔枝三瓶，令贵妃蜜荔枝二瓶，舒妃、愉妃、庆妃、颖妃、婉嫔、忻嫔、豫嫔，每位蜜荔枝一瓶，慎贵人、林贵人、兰贵人、祥贵人、伊贵人、郭贵人、瑞贵人、和贵人、鄂常在、白常在十位蜜荔枝五瓶。

《哈密瓜蜜荔枝底簿》

乾隆二十五年十月二十六日，陕西总督杨应琚进哈密瓜三百个。恭进皇太后哈密瓜二十个，差总管马国用进讫。给温惠皇贵太妃哈密瓜四个，裕贵妃等位哈密瓜六个。赐皇后哈密瓜八个，令贵妃哈密瓜四个，舒妃、愉妃、庆妃、颖妃每位哈密瓜三个，婉嫔、忻嫔、豫嫔，每位哈密瓜二个，慎贵人、林贵人、兰贵人、祥贵人、伊贵人、郭贵人、瑞贵人、和贵人、鄂常在、白常在，每位哈密瓜一个。

《哈密瓜蜜荔枝底簿》

乾隆二十五年十二月二十三日，御茶房按年例恭进皇太后，赐皇后、令贵妃、妃四位、婉嫔、忻嫔、豫嫔、慎贵人、林贵人、兰贵人、祥贵人、伊贵人、郭贵人、瑞贵人、和贵人、鄂常在、白常在、禄常在每位干果品。贵人赏赐物品有：绿葡萄干三斤、白枣干三斤、荔枝干五斤、白葡萄干三斤、藏杏三斤、藏枣三斤、莲子九升、藕粉十四斤、耿饼一百个。

《赏赐底簿》

乾隆二十六年七月十七日，上出外哨鹿，同行的有：皇后、令贵妃、舒妃、庆妃、豫嫔、郭贵人、伊贵人、瑞贵人、和贵人。八月二十七日，郭贵人事出。

《拨用行文底簿》

乾隆二十六年九月十五日，是和贵人生辰，赐银一百五十两。

《内庭赏赐例》三，乾隆贰拾陆年肆月拾壹日立乾隆二十六年十月十二日，赐伊贵人、和贵人花皮瓜一个。十一月初七日，赐和贵人哈密瓜一个。

《哈密瓜蜜荔枝底簿》

乾隆二十六年十二月二十三日，御茶房照年例恭进果品。所赏贵人中，有：慎贵人、林贵人、祥贵人、伊贵人、瑞贵人、和贵人、兰贵人。

《赏赐底簿》

二、封为容嫔时所受赏赐及跟随木兰、南巡

乾隆二十七年六月十九日，恭进皇太后鲜荔枝一个，差首领王承义进讫。赐皇后、令贵妃、舒妃、愉妃、庆妃、颖妃、慎嫔、容嫔、忻嫔、豫嫔，每位鲜荔枝一个。

《哈密瓜蜜荔枝底簿》

乾隆二十七年七月初八日，上出外哨鹿，同行后妃有：皇后、舒妃、颖妃、豫嫔、慎嫔、容嫔、郭常在共七位，手下女子共十五人。

《拨用行文底簿》

乾隆二十七年十二月二十三日，御茶房将干果品按位分，安在重华宫后院，呈上览过。奉旨：照例进给。赏讫恭进。在嫔行列中有：婉嫔、忻嫔、豫嫔、慎嫔、容嫔五位，每位福园膏六瓶、橘饼六十个、柿霜八匣、藕粉二十四斤、耿饼一百三十个。

《赏赐底簿》

乾隆二十八年五月十三日，赏容嫔银三百两系九月十五日寿辰。

《内庭赏赐例》三，乾隆贰拾陆年肆月拾壹日立

乾隆二十八年五月十八日，上驾行热河，皇后住汤泉，同行后妃

154

有：庆妃、颖妃、忻妃、豫嫔、慎嫔、容嫔、新常在共八位，手下女子十七人。

《拨用行文底簿》

乾隆二十八年九月十五日，容嫔寿辰，早晚分别添用霁红碗两桌，每桌八碗。每桌除添用羊肉四斤，每桌照常点心一盘，添用点心三盘。

《拨用行文底簿》

乾隆二十八年九月二十七日，赐慎嫔、容嫔花皮瓜一个。十月二十八日，赐容嫔哈密瓜二个。

《赏赐底簿》

乾隆二十八年十二月二十二日，御茶房恭进皇太后，赐皇后、令贵妃、舒妃、愉妃、庆妃、颖妃、忻妃、豫妃、婉嫔、慎嫔、容嫔等位干果品。嫔每位：枣糕六斤、白枣干六斤、闽姜四斤、藏枣四斤、藏杏六斤、荔枝干八斤、文水葡萄干六斤、藕粉二十四斤、莲子一斗。

《内庭赏赐例》三，乾隆贰拾陆年肆月拾壹日立

乾隆二十九年六月二十六日，赏皇贵妃银，同时赏容嫔银三百两系九月十五日寿辰。

《内庭赏赐例》三，乾隆贰拾陆年肆月拾壹日立

乾隆二十九年七月十七日，上出哨鹿，同行有：皇后、令贵妃、庆妃、豫妃、容嫔、福贵人、新常在、永常在、宁常在、那常在、武常在，共十一位，手下女子二十三人。

《拨用行文底簿》

容嫔，每日拨用陈粳米一升三合、白面一斤十二两、白糖二两、豆腐一

155

斤八两、锅渣八两、响油五两五钱、甜酱六两、醋二两。又行外膳房肉房，每日拨用羊肉二斤，菜库每日拨用随时鲜菜八斤。

《拨用行文底簿》

乾隆三十年正月十六日起至四月二十日止，万岁爷驾行江南。同行有：皇后、令贵妃、庆妃、容嫔、永常在、宁常在六位。从养心殿东暖阁出发，经黄新庄行宫、涿州行宫、赵北口行宫、思贤村行宫、太平庄行宫、红杏圈行宫、新庄行宫、德州恩泉行宫、盘村大营、灵岩寺行宫、小新庄大营、四贤祠行宫、中水大营、永安庄大营、万松山行宫、孟家泉大营、郏子花园、隆泉庄大营、顺河集行宫……天宁寺行宫、金山寺行宫、苏州府行宫、灵岩山行宫、上方山行宫、杭州府行宫、西湖行宫、赣州府行宫、栖霞行宫、江宁府行宫、金山行宫、德州马头……一路上观灯看花炮。赏赐容嫔的食物有：涿州饼子一品、祭神糕一品、米面一品、馓子一品、奶酥油野鸭子一品、羊肚片一品、甄尔糕一品、羊他他士一品、野鸭子一品、油炸果一品、羊肚一品、小饽饽一品、茄干一品、羊渣古一品、锅 鸡一品、腌菜炒春笋一品、萝卜干一品、羊肉丝一品、折尖一品、爆肚子一品、糟鸭子一品、糟萝卜一品、腌菜叶炒燕笋一品、脍糟鸡一品、炒燕笋一品、豆豉一品、千层糕一品、豆腐干一品、苏州糕一品、炖羊肉一品、拌蕨茉菜一品、梨丝拌蕨茉菜一品、老虎菜一品、晾狍肉一品、酒炖羊肉一品、碎垛野鸡一品、爆炒鸡一品、西尔查一品、羊西尔占一品、炸八件鸡一品、酸菜丝一品、鹿筋羊肉一品、豆豉鸡一品、野鸡蛋一个、野鸭沫一品、鹿尾一品、五香羊肉一品、羊肉丝炖酸菜丝一品、锅炖羊肉一品、火烧一品、羊肠汤一品、炖水萝卜一品、酸辣羊肚一品、面筋一品、奶子饽饽一品、野鸡他他士一品、烹炸肝肠一品、糖醋萝卜一品、青韭脍银丝一品、卷子一品、羊肉炖萝卜一品、糖醋锅渣一品、榛子酱一品、羊肉炒豆瓣一品、奶子饭一品、绿豆一品、托火里额芬一品、廖花一品、水烹绿豆菜一品。

《江南节次照常膳底档》

乾隆三十年七月初八日起至三十一年四月十二日止，万岁爷驾行木兰哨鹿，同行十一位妃嫔有：皇贵妃、舒妃、庆妃、豫妃、颖妃、容嫔、禄常在、新常在、宁常在、武常在、那常在。

乾隆三十一年七月初八日至三十二年四月十六日止，万岁爷驾行木兰，同行十一位妃嫔有：皇贵妃、舒妃、庆妃、豫妃、容嫔、林贵人、兰贵人、常贵人、新常在、永常在、宁常在。

乾隆三十二年七月二十日，上驾行木兰，同行妃嫔十位有：舒妃、庆妃、豫妃、容嫔、林贵人、兰贵人、常贵人、新常在、宁常在、禄常在。

《拨用行文底簿》

乾隆三十二年七月一日，赏容嫔银三百两系九月十五日寿辰。

《内庭赏赐例》三，乾隆贰拾陆年肆月拾壹日立

三、容妃所受的赏赐及巡山东、盛京、热河

1. 封为容妃时所受的赏赐及巡山东

乾隆三十三年六月初四日，容嫔封妃现无满洲朝冠、朝服、吉服，应赏给处赏给其项圈、耳坠、数珠。应添换之处添换折一个。

容嫔封妃，天鹅绒朝冠一顶传做，染貂朝冠一顶传做。敬事房交来妃分朝冠一分；金累丝二凤朝冠一座嵌猫眼一块、三等东珠九颗、五等东珠二颗、四等正珠二颗与例同，无添减、小正珠三十二颗现有四十二颗，比例多十颗，撒下碎小正珠十颗；金凤五只嵌三等东珠三十五颗；小正珠一百（零）五颗现有一百二十颗，比例多十五颗，撒下碎小正珠十五颗；金翟鸟一只嵌小正珠十六颗，猫眼一块，与例同，无添减，共撒下小正珠二十五颗，重六分五厘；养心殿内库收镶青金石金挑花垂挂一件青金石挑花嵌无光东珠三颗、饭块小正珠三颗、珊瑚坠角三个垂帘上穿饭块小正珠一百八十八颗；敬事房镶青金石金箍一围嵌三等东珠十一颗、与例同，无添减；养心殿内库收金镶催生石金箍挑花垂挂一件挑花嵌四等东珠四颗、无光东珠四颗、五等正珠八颗，垂挂上穿饭块小正珠一百九十七颗，珊瑚葫芦坠角一个。

容妃应做给朝冠一分，敬事房交来妃分金累丝朝冠一分，珠石与妃分朝冠相同，无庸添换，惟将金累丝凤交造办处熔化，另做桦皮凤。赏给其吉服

袍褂二件，八团龙褂以前赏过不赏，惟再赏给金黄绣九龙袍一件。

《清宫史续编》

乾隆三十三年六月二十一日，赏容妃银三百两_{系九月十五日千秋}。

《内庭赏赐例》三，乾隆贰拾陆年肆月拾壹日立

乾隆三十四年六月二十二日，赏容妃银三百两_{系九月十五日千秋}。

《内庭赏赐例》四，乾隆叁拾伍年柒月贰拾柒日立

乾隆三十六年二月初四日起，至四月初七日止，乾隆帝东巡，同行的妃嫔六位有：皇贵妃、庆贵妃、颖妃、豫妃、容妃、顺嫔。二月初三日，新衙门行宫赏容妃羊渣古一品、攒盘炉食一品、片鸭子片一品；初四日，南衙门行宫赏容妃羊西尔一品、拌老虎菜一品；初五日，南衙门行宫赏自来红一品；初六日，佟柏村行宫赏江豆粥一品、羊西尔占一品、回子饽饽一品；初七日，路中进膳，赏奶油野鸭子一品；初八日，望海寺行宫赏羊肉片一品、醋溜白菜一品；初九日，路中进膳，赏小饽饽一品、拌蕺麻菜一品；初十日，司马庄头赏收汤小面筋一品；十一日，花园庄马头赏羊肚丝一品、拌菠菜一品；十二日，路中进膳，赏炖羊肉一品；十三日，夏口大营马头赏油炸果一品；十四日，路中进膳，赏苦麻一品；十五日，园楼马头大营赏庆贵妃猪肉馅粘团、豫妃猪皮冻，赏容妃春笋拌豆腐干一品；十七日，德州行宫赏容妃收汤茄干一品；十八日，李刘庄行宫赏奶酥油野鸭子一品、羊肉干一品、羊肉丝一品；二十日，晏子祠行宫赏拌粉皮一品；二十一日，潘村行宫赏拌菠菜一品；二十三日，灵崖寺行宫赏羊肚片一品；二十四日，泰安行宫赏肘丝卷一品；二十五日，泰山行宫赏羊肚丝汤一品、爆肚一品；二十六日，泰安行宫赏春笋拌豆腐干一品；二十七日，泰安行宫赏炒素攒丝一品；二十九日，中水行宫赏五香鸡一品；三十日，泉林寺行宫赏合皮卷一品；三月初二日，泉林行宫赏春笋炒腌菜一品；初五日，曲阜行宫赏羊肉包子一品、梨丝拌蕺麻一品；初七日，济宁州八里堡行宫晚膳，赏菠菜拌绿豆菜一品；初八

日，赏其他妃五香猪肚、猪皮冻，赏容妃羊他他士一品，麻素锅渣一品；初九日，大常沟马头大营赏油渣古一品；十一日，五里堡马头大营赏豇豆膳一品、拌藕一品；十四日，新庄马头大营赏其他妃五香猪肚，赏容妃豇豆粥一品、油炸果一品；十八日，德州行宫赏炖豆腐一品；十九日，园楼马头大营赏其他妃拌猪蹄筋，赏容妃拌绿豆菜一品；四月初四日，海子南衙门行宫晚膳，赏皇贵妃全猪肉丝一品，庆贵妃祭神肉炖白菜一品，容妃奶油野鸭子一品；四月初六日，新衙门行宫赏容妃拌豆腐皮一品。

《山东照常膳底档》

2. 容妃四十岁千秋赏物及巡盛京、热河

乾隆三十八年五月初二日，容妃四十千秋系九月十五日恩赐：无量寿佛一尊佛堂；紫檀嵌玉如意一盒计九柄；青玉寿星一件紫檀座；白玉吉庆一件上随汉玉块一件，紫檀座；青玉梅花插一件紫檀座；银晶象耳双环瓶一件红牙座；玛瑙灵芝杯一件紫檀座；洋瓷葫芦马挂瓶一件瓷座；竹根蟾一件紫檀座；洋漆墨罐一件紫檀座；铜掐丝珐琅朝冠耳炉一件紫檀座；银四百五十两库平；藏香九束；锦一匹；大卷八丝缎八匹。

《内庭赏赐例》四，乾隆叁拾伍年柒月贰拾柒日立

乾隆三十九年十二月二十三日，御茶房恭进干果品。其中赏舒妃、愉妃、颖妃、容妃、惇妃每位：柿霜六匣、柜饼六十个、藕粉三十二斤、白枣干八斤、荔枝干十二斤、文水葡萄干八斤、南枣八斤、藏枣六斤、莲子一斗四升。

乾隆四十年十二月二十三日，御茶房照年例在重华宫院内，安散用干果品五十三分，安毕随本递折片七个，交奏事处奏过。奉旨恭进皇太后……差首领张忠进讫。其余照折赏给。钦此。赐舒妃、颖妃、容妃、惇妃每位：柿霜八匣、南枣八斤、藕粉三十二斤、酸枣糕八斤、荔枝干十二斤、文水葡萄干八斤、白枣干八斤、闽姜八斤、莲子一斗四升。

《赏赐底簿》

乾隆四十年十月十六日，赐妃青皮瓜，赏容妃花皮瓜一个。闰十月十七日，赐容妃哈密瓜二个。二十四日，赐哈密瓜一个。

乾隆四十一年七月一日，赐容妃鲜荔枝一个。二日，赐鲜荔枝一个。二十九日赐蜜荔枝一瓶。九月二十七日，赐妃青皮瓜，赏容妃花皮瓜一个。十月二十五日，赐哈密瓜三个。

乾隆四十二年七月二日，赐容妃鲜荔枝一个。八月十五日，赐蜜荔枝一瓶。十月五日，赐妃青皮瓜，赏容妃花皮瓜一个。十月二十八日，赐容妃哈密瓜四个。十一月二十六日，赐花皮瓜一个。十二月十五日，赏妃青皮瓜，赐容妃花皮瓜一个。

《哈密瓜蜜荔枝底簿》

乾隆四十三年七月二十日起，至九月二十六日，上盛京之行，同行的妃嫔有：颖妃、容妃、惇妃、顺妃、诚嫔、循嫔。容妃身居诸妃第二位。此行途经：慈云寺、烟郊行宫、棋盘庄中伙、兴家楼西大营、玉田县南中伙、棋树庄南大营、陈家庄中伙、兴隆山大营、李家庄中伙、夷齐庙、胡家庄中伙、天台山大营、抚拧县西中伙、深河村西大营、西王家岭中伙、文殊庵行宫、姜女庙备用房中伙、中前所东大营、陡坡台中伙、周家村大营、抱关岭中伙、沙河所东大营、李家村中伙、五里河村大营、塔山西中伙、杏山东大营、石门东中伙、兴隆屯大营、大凌河东大营、金刚屯北大营、萧家铺中伙、广宁大营、北镇庙备用房、车家屯中伙、常家屯大营、岔沟南中伙、蒋家庄大营、大白旗堡中伙、黄旗堡大营、珠尔呼珠北中伙、老边屯北大营、后新台中伙、大台大营、上水泉西中伙、噶布该西大营、二道房申中伙、莲花套大营、哈荡沟中伙越永陵、上夹河西大营、玛尔墩东中伙、夏原大营、和睦屯中伙、古路村中伙、噶布该大营、新屯东中伙、马官桥大营、祭福陵越昭陵、瓦子峪大营、祭昭陵毕至法轮寺、盛京宫凤凰楼、盛京保极宫，崇政殿受诸王大臣礼、盛京保极宫、清宁宫、老边屯北大营、黄旗堡大营、蒋家店大营、常家屯大营、网户屯大营、金刚屯大营、兴隆屯大营、杏山东大营、五里河村大营、沙河所大营、周家村大营、中前所大营、文殊庵行宫、深河村西大营、天台山大营、夷齐庙大营、沉关营、兴隆山大营、琪树庄大营、兴家楼西大营、闻家庄中伙、白涧行宫、三河县中伙、烟郊行宫、木厂中伙。一路上，赏赐容妃的膳品有：米面一品、脍银丝一品、攒盘肉一品、杂脍热锅一品、烧鹿肉一品、羊西尔占一品、奶子月饼一品、羊肚片一品、枣一品、鸭羹热锅一品、小饽饽一品、烧鹿筋条一品、素砂馄饨一品、鹿肠肚热锅一品、萝卜面一品、羊肉窝子面一品、粘散粉子饽饽一品、野鸡挂面一品、祭神糕一品、羊渣古一品、果子粥一品、三鲜面一品、窝子面一品、风干羊肉一品、肥鸡羹汤膳一品、额思克森一品、黄羊肉片热锅一品、羊乌义一品、燕窝把鸭子热锅一品、野鸡热锅一品、鸡汤老米膳一品、鸡汁面一品。八月二十日，噶布该大营晚膳时，赏颖妃烧野猪肉一品、容妃烧鹿肉一品、惇妃烧野猪肉一品、顺妃烧野猪肉一品、烧鹿肉一品、诚嫔、循嫔汤面饺子一品。八月二十四日，郭什哈辖、德保在围场打得差人送到野猪一口、狍子一只，赏颖妃、惇妃、顺妃、诚嫔、循嫔每位野猪肉一盘，容妃狍肉一盘。

《盛京照常节次膳底档》

乾隆四十四年五月十二日，自圆明园起程，驾行热河，十八日早至热河，分别在如意洲、烟波致爽、惠迪吉、秀起堂、含清斋、清溪远流、山近轩、梨花伴月、文津阁、四面云山、勤政殿各处逗留。八月十七日，自热河起程进哨。九月初五日，张家口副都统官音保进黄羊九只，本日至张三营行宫熬茶时，总管萧云鹏用折片一个奏过，奉旨按折片赐颖妃、容妃、顺妃、惇嫔、诚嫔、循嫔，每位黄羊一只，贵人、常在黄羊一只。

《哨鹿节次照常膳底档》

3. 容妃五十岁千秋得到的赏赐

乾隆四十七年四月二十三日，王成奉旨赏容妃银三百两。

乾隆四十八年四月二十八日，刘秉忠奉旨赏容妃银三百两。

《内庭赏赐例》五，乾隆肆拾肆年拾月贰拾捌日立

161

乾隆四十九年正月十四日，赏容妃五十岁千秋系九月十五日千秋。乾隆四十九年正月十二日，刘秉忠奉旨："着查容妃今年五十岁该赏何物"。随遵旨，查得乾隆四十五年，颖妃五十岁赏过如意一盒、古玩九件、锦缎九匹、银元宝九个，藏香九束，具折片一个，奏过。奉旨："亦照此例赏。钦此。"

正月十四日，赏容妃五十岁千秋系九月十五日千秋；文竹嵌玉如意一盒计九柄；古玩一九：汉玉夔龙半璧磬一架紫檀座；白玉仙人一件紫檀乌木商丝座；青玉仙人仙槎一件紫檀座；碧玉双环盖罐一件茜牙座；水晶双耳花插一件紫檀座；红白玛瑙荷叶水盛一件紫檀座；白瓷小缸一件紫檀座；青花参斗一件紫檀座；旧石敞口钟一件石座、紫檀座；锦缎一九；锦二匹；大卷八丝缎七匹；元宝一九：五十两重银元宝九个共重四百五十两系库平；香一九：红藏香九束系自鸣钟。

《内庭赏赐例》五，乾隆肆拾肆年拾月贰拾捌日立

4. 容妃晚年得到的赏赐

乾隆五十二年十月二十六日，厄禄里传旨，赏容妃枣糕一碟、桔饼一碟、柿霜一碟、梨膏一碟。

十一月初一日，厄禄里传旨，赏容妃西瓜一个、枣糕一碟、冈榴二个。本日晚，常宁传旨，赏容妃香橙饼五个、秋梨三个。

十一月初二日，内殿总管刘秉忠传旨，赏容妃白枣干一盘。

十一月初五日，厄禄里传旨，赏容妃冈榴二个。

十一月初七日，内殿总管刘秉忠传旨，赏容妃耿饼十个。

十一月初十日，内殿总管刘秉忠传旨，赏容妃梨膏一碟。

乾隆五十二年十二月二十四日，照例安在重华宫内摆干果五十四份，随本递折片五个，奏过。奉旨照折赏。钦此。赐愉妃、颖妃、容妃、惇妃、顺妃，每位百合粉十二斤、荔枝干十斤、白枣干十二斤、藕粉二十六斤、南枣十二斤、桔饼八十个、柿霜十二匣、福园膏十瓶、莲子一斗四升。

乾隆五十三年正月初五未初二刻，斋宫孚颙殿进晚膳，用填漆花膳桌摆谷伦杞一品、滴非雅则热锅一品此二品努倪马特做。愉妃进热锅一品，颖妃进热锅一品，容妃进热锅一品、菜二品，安膳桌一品，婉嫔进热锅一品。

正月初六卯正二刻，斋宫进早膳。上传羊肉馄饨一品系努倪马特做。未初二刻，斋宫孚颙殿进晚膳，愉妃、容妃、婉嫔进热锅一品、饽饽一品；次送，愉妃、容妃、婉嫔进菜二品、攒盘肉一品。

乾隆五十三年三月初九日，厄禄里传旨，赏愉妃、容妃奶饼一碟。

三月十二日，首领刘芳传旨，赏容妃奶饼一盘。

四月十四日，总管刘秉忠传旨，赏容妃春桔十个。

《节次照常膳底档》

附录二 容妃所受册封及仪式

一、硃笔圈定容嫔封号

乾隆二十七年正月初八日，礼部为知会事仪制清吏司案呈：乾隆二十七年正月初八日，内阁拟呈贵人拜尔噶斯氏晋封嫔字样，奉硃笔圈出"慎"字。贵人霍卓氏晋封嫔字样，奉硃笔圈出"容"字，钦此。抄出到部，相应照原文出清、汉字样，抄录粘单，知会内务府可也，须至咨者，右咨总管内务府。

《内务府来文·礼仪》第 14 包

二、容嫔朝衣朝冠穿戴

乾隆二十七年正月初十日，总管王成传旨与总管马国用等：前者尔等奏与慎嫔容嫔，按嫔例各做朝冠二顶，无珠石镶边，朝衣三分及掐摺朝衣一分外边俱不必办理，现今慎嫔有额勒特朝衣冠穿戴，容嫔现有回子朝衣冠穿戴，因此朝冠朝衣掐摺朝衣，尔等不必办理。再慎嫔容嫔朝冠顶二分里边，照豫嫔之例，每位打造朝冠一分，其慎嫔黑狐皮朝冠，天鹅绒朝冠着总管马国用传四执库应用五色线带，着造办处办理，其容嫔朝冠仍带本人朝冠，不必另办，钦此。

《内务府四执库·穿戴档》

三、成造容嫔金册

工部为奏请金两事。制造库案呈本部具奏办造金册等项一折，于乾隆二十七年正月初五日奏，本日奉旨："知道了。钦此。"相应抄录原奏，移咨内务府，转行造办处，即速派员过部，以便敬谨办造可也。

乾隆二十七年正月

原奏

工部谨奏为奏请金两事，乾隆二十七年正月初二日内阁抄出。乾隆二十六年十二月三十日，内阁奉上谕："钦奉皇太后懿旨：'贵人拜尔噶斯氏、霍卓氏，淑慎敬恭，克襄内职，宜加册礼，以著柔嘉，俱著封为嫔。'钦此。所有应行典礼，各该衙门察例举行。钦此，"抄出到部。该臣等恭查册封嫔金册二份，并盛册箱架上镀金银什件等项，例系臣部会同造办处成造。所需头等赤金六十五两八钱五分二厘九毫四丝四忽，六成色金一百二十两八钱四分。查臣部库内，现在仅存六五色金八两一分零，七五色金二钱二厘零，应请留为修理别项零星工程之用。所有此项金两，理合缮写清单，恭折奏闻，俟命下之日，臣部照例行文内务府照数支领，敬谨办造可也。为此谨奏请旨。

《内务府来文·礼仪》第14包

四、容嫔金册告成

乾隆二十七年五月初八日，礼部为请旨事：仪制清吏司案呈本部具奏，内开工部恭造慎嫔、容嫔金册俱已告成。据钦天监选择得本年五月十七日庚戌宜用巳时，二十一日甲寅宜用巳时册封吉等语。臣等谨具奏闻，恭请皇上于此二日钦定一日等因，于乾隆二十七年五月初八日奏，本日奉旨着于二十一日，钦此，钦遵。相应移咨内务府可也。

《内务府来文·礼仪》第14包

五、成造容嫔彩仗

乾隆二十七年五月初九日，工部为咨催事制造库案呈：恭照册封慎嫔、容嫔彩仗内，车轿上坐褥六铺单全。先经本部行文内务府照例成造，自行送交銮仪卫等因在案。今册封在即，响应呈明咨催内务府，作速成造送交。毋致迟误可也。

《内务府来文·礼仪》第 14 包

六、赏容嫔裕帐

乾隆二十七年五月初十日，"圆明园富春楼松绿春绸红里裕帐一床，高七尺五寸，面宽六尺三寸，进深四尺九寸，刷高一尺，捧至谕前：奉旨，里边赏人用。"_{小注：容嫔。}

《内务府四执库·穿戴档》

七、册封容嫔陈节册太和殿

乾隆二十七年五月十六日，礼部为知会本月二十一日册封慎嫔、容嫔，是日开太和殿隔扇由，咨礼部知会事，仪制清吏司案呈，照得本月二十一日巳时册封慎嫔、容嫔。是日早设节、册于太和殿内各黄案上。往封时，校尉舁册采亭由太和门中门、协和门中门至景运门中门进。又先期一日，于太和殿内设节、册案。移咨护军统领于二十一日开太和门中门、协和门中门、景运门中门外，其开太和殿隔扇之处，移咨内务府，转交与太监开殿内隔扇，可须至咨者。

《内务府来文·礼仪》第 14 包

八、册封慎嫔、容嫔礼仪

礼部为礼仪事。仪制清吏司案呈，礼科抄出，本部题册封慎嫔、容嫔礼仪一疏等因于乾隆二十七年五月十三日题，十五日奉旨："依仪。"钦此。相应抄录原题，行文内务府可也。

乾隆二十七年五月十三日

原题

礼部谨奏为礼仪事。恭照乾隆二十七年五月二十一日巳时册封慎嫔、容嫔礼仪。是日早，臣部、鸿胪寺官设节案二于太和殿内正中，设慎嫔、容嫔册案于左旁，设彩亭二于内阁门外。臣部、鸿胪寺官预交内监于慎嫔、容嫔各宫内正中设节案一张，前设香案一张。左旁设册案一张。銮仪卫陈慎嫔、容嫔彩仗于各宫门前。至时，臣部堂官、内阁学士俱朝服捧节，内阁、礼部官举册置各彩亭内，校卫舁请，亭前张黄盖各一柄，列御仗各一对，依次由中路入太和门，至太和殿阶下，彩亭止。臣部堂官、内阁学士捧节，内阁、臣部官捧册，依次由中阶入太和殿内，置各案上。正副使及各执事官于丹墀内，东班西向立。钦天监官报告吉时已届，鸿胪寺官引正副使升东阶至黄案前，行一跪三叩头礼。大学士等恭捧节，授各正使。各正使跪受，起。内阁、臣部执事官举册，由中阶下，捧册各置彩亭内。正使持节前行，随使随行。臣部官前引，校尉舁亭。亭前张黄盖各一柄，列御仗各一对，由太和门中门，出协和门，至景运门外。正使捧节，各授与内监。内监各持节，舁彩亭进内右门，至慎嫔、容嫔各宫门外，持节捧册。慎嫔具礼服迎于宫门内之右立，候节、册过，慎嫔随后入宫，就拜位立。内监捧节、册置各案上。内赞礼女官赞："跪！"慎嫔跪。赞："宣册！"宣册女官就册案，捧册文。宣毕，赞："授册！"宣册女官捧册，授侍左女官，女官跪接，授慎嫔，慎嫔受册，转授侍右女官，女官跪接，起立。赞："兴！"慎嫔兴。赞："行礼！"慎嫔行六拜三跪三叩礼。礼毕，内监持节出宫，慎嫔送节于宫门内之右，还宫。其册封容嫔，于宫内迎送、宣册、受册、行礼与慎嫔同。册封礼毕，内监各持节出，至景运门内候齐，同出，以节授各正使，报礼毕。正副使以册封礼毕，复命。次日早，内监预设慎嫔、容嫔拜褥于皇太后宫月台上，左右排设。至时，慎嫔、容嫔乘舆，依次出，至皇太后宫东西向立。内监奏请皇太后升座毕，女官引慎嫔、容嫔各就拜位立。立定，行六拜三跪三叩礼。礼毕，仍复原位立，俟皇太后还宫。内女官引慎嫔、容嫔乘舆还宫，诣皇上前行礼。内监奏请皇上升座。内监引慎嫔、容嫔于皇上前行六拜三拜三叩礼。礼毕，皇上降座。内礼官引慎嫔、容嫔赴皇后宫行礼。内监奏请皇后升座，

引慎嫔、容嫔于皇后前行六拜三跪三叩礼。礼毕，皇后还宫。慎嫔、容嫔俱
出。为此谨具奏闻。

《内各府来文·礼仪》第 14 包

九、容嫔册文

乾隆二十七年五月二十一日，命兵部尚书阿里衮为正使，礼部侍郎五吉
为副使，册封霍卓氏为容嫔。册文曰：

朕惟二南起化，丕助鸿猷；九御分宫，共襄内治。珩璜叶度，既仰赞夫
坤元；纶宣恩，宜特申夫巽命。尔霍卓氏，秉心克慎，奉职惟勤，壸范端
庄，礼容愉婉。深严柘馆，曾参三缫之仪；肃穆兰宫，允称九嫔之列。兹仰
承皇太后慈谕，册封尔为容嫔。法四星于碧落，象服攸加；贵五色于丹霄，
龙章载锡。尚敬承夫恩渥，益克懋夫芳徽。钦哉。

《清实录·高宗纯皇帝实录》

十、册封容嫔为容妃

乾隆三十三年六月初六日，内阁抄出奉上谕："奉皇太后懿旨：庆妃着晋
封贵妃，容嫔着封为妃，贵人钮钴禄氏着封为嫔，钦此。所有应行典礼，各
该衙门察例具奏，钦此。"钦遵。抄出到部。查定例内：封贵妃给金册、蹲龙
纽金宝；仪仗金黄翟轿一乘；金黄缎曲柄一把；拂尘一对；金香炉一个；金香
盒一个；金盆一面；金痰盂一个；金瓶一对；金交椅一张；金马凳一张；金节
一对；金黄缎宝相花伞一对；红缎宝相花伞一对；黑缎宝相花伞一对；红缎瑞
草伞一对；黑缎瑞草伞一对；红缎雉尾扇一对；红缎金凤旗一对；卧瓜一对；
立瓜一对；吾仗一对；金黄八人轿一乘；车一辆。封妃给金册龟钮印，仪仗
金黄翟轿一乘，金黄缎曲柄伞一把；拂尘一对；银香炉一个；银香盒一个；银
盆一面；银痰盂一个；银瓶一对；金交椅一张；金马凳一张；金节一对；金黄
缎宝相花伞一对；红缎宝相花伞一对；红云缎素扇一对；红云缎金凤旗一对；
卧瓜一对；立瓜一对；吾仗一对；金黄四人轿一乘；车一辆等语。该臣等议得
册封贵妃应照例给金册、蹲龙钮金宝。妃应照例给金册、龟钮金印。嫔应照

例给金册。其贵人晋封为嫔，封字字样由内阁撰拟。各金册文、金宝、金印篆文由内阁翰林院撰拟缮写连呈恭候钦定，俟命下之日，应给贵妃金宝、妃金印，由臣部照例会同造办处铸造。其贵妃、妃、嫔金册，并盛册、宝、印之匣架、袱褥、仪仗及执事人等所穿袍服等项，交与工部造办。至册封典礼仪注，臣部另议具奏可也。臣等未敢擅便，兹题请旨。

《内务府来文·礼仪》第 21 包

乾隆三十三年十月二十五日，太常寺为咨取事，准礼部文称：十月二十六日，册封庆贵妃、容妃、顺嫔，二十五日告祭太庙后殿、奉先殿等因，前来查二十五日告祭太庙后点合用活鹿一支，奉先殿合用活鹿一支，以上共活鹿二支。相应移咨内务府，俱于十月二十一日送至牺牲所，以备祭祀应用可也，须至咨者，右咨内务府。

《内务府来文·礼仪》第 21 包

容妃金册一份计十页，共重一百四十五两，系六成色金成造；金钱一个计重一两三钱二分，系六成色金成造；册大箱一个安锭银镀金什件一份，计重五十七两五钱六分；镀金铁锁一把；册小箱一个安锭银镀金什件一份，计重三十五两九钱七分；镀金铁锁一把；银镀金印箱一个安锭银镀金什件一份，连箱共计重一百一十六两一钱，银镀金锁一把，钥匙全，计重六两；印池一个计重三十四两四钱；钥匙箱一个安锭银镀金什件一份，计重三十一两一钱；镀金铁锁一把；象牙钥匙牌一个；册印箱架二座每座安锭银什件一份，二份共重五十四两九钱。

《内务府来文·礼仪》第 23 包

乾隆三十三年十月二十六日，命大学士尹继善为正使，内阁学士迈拉逊为副使，持节册封容嫔霍卓氏为容妃。册文曰：

朕惟祎褕著美，克襄雅化于二南；纶宣恩，宜备崇班于九御。爰申茂典，式晋荣封。尔容嫔霍卓氏，端谨持躬，柔嘉表则。秉小心而有恪，久勤服事于慈闱；供内职以无违，凤协箴规于女史。兹奉皇太后慈谕，册封尔为

169

容妃，尚其仰承锡命，勖令德以长绥；祗荷褒嘉，劭芳徽于益懋。钦哉。

《清实录·高宗纯皇帝实录》

附录三　容妃在宫中所进膳品及座次

　　乾隆四十四年十二月二十九日午正，安宴桌摆高头冷膳。乾清宫内，东边颖妃、惇妃头桌宴一桌；婉嫔、循嫔二桌宴一桌；禄贵人、鄂常在三桌宴一桌。西边容妃、顺妃头桌宴一桌；诚嫔、林贵人二桌宴一桌；明贵人、白常在、武常在三桌宴一桌。

　　乾隆四十六年正月初五日，斋宫孚颙殿进晚膳，用填漆花膳桌摆滴非雅则一品、谷伦杞一品此二品努倪马特做。燕窝锅烧鸭子热锅一品、后送火熏丝摊鸡蛋一品、蒸肥鸡鹿尾羊乌乂攒盘一品、象眼小馒首一品。愉妃进热锅一品、茶一品、饽饽一品；颖妃进热锅一品；容妃进热锅一品、饽饽一品；婉嫔进热锅一品、银葵花盒小菜一品、银碟小菜四品。随送粳米干膳进一品、次送羊西占一品、小羊乌乂一盘。颖妃进菜二品、容妃进菜一品、婉嫔进饽饽一品、咸肉一品，共一桌。

　　正月初六日，斋宫孚颙殿进晚膳，用填漆花膳桌摆谷伦杞一品系努倪马特做。祭神肉片大虾米炖白菜热锅一品、豆豉肉丝烂鸭子热锅一品、象眼小馒首一品。愉妃进热锅一品、饽饽一品；颖妃进热锅一品；容妃进热锅一品、饽饽一品；婉嫔进热锅一品、挂炉鸭子一品、银葵花盒小菜一品、银碟小菜四品。随送粳米干膳一品、豆瓣汤进一品、次送羊肉丝一品。愉妃进菜一品、饽饽一品；颖妃进菜二品、饽饽二品；容妃进菜一品，共一桌。

　　正月十五日午正，奉三无私殿安着紫檀木苏宴桌一张。宝座扶手至桌边二尺二寸，摆高头七品青玉碗上安灯笼花，两边花瓶一对，高头碗足至前桌边二寸二分，两边碗足至桌边七寸，高头碗足至怀里桌边二尺五寸，群膳三十二品内有外膳房四品，铺内伺候六品，俱青白玉碗，碗足至两桌边七寸六分摆四路，每路八品。两边干湿点心四品、奶子一品、敖尔布哈一品、青白玉碗两边清酱一品、水贝瓷菜一品、东边南小菜一品、糟小菜一品青白玉碟，碟足至两桌边七寸，后边二寸，中匙筋叉子手布纸花筷套安毕。东边颖妃、惇妃头桌宴一桌，诚嫔、林贵人二桌宴一桌；西边容妃、顺妃头桌宴一桌，禄贵人、明贵人、宁常在二桌宴一桌。

五月初五日请驾时，总管萧云鹏等用拼凳一条安在奉三无私殿内，宝座两边摆五福多瑞十三盘，伺候上览过，奉旨照折片 烧陀澳、颖妃、容妃、惇妃、顺妃、婉嫔、诚嫔、循嫔，每位绿龙瓷盘五福多瑞一盘。

八月十三日午正，在澹泊敬诚殿安宴桌，摆高头冷膳，设摆万岁爷大宴。用热河收贮金龙大宴桌一张，黄缎绣金龙镶宝石桌刷一分，宝座扶手至宴桌边八寸，先从外摆起，头路松棚果罩四座上安象牙牌，两边花瓶一对，中空点心高头五品用热河收贮铜胎掐丝珐琅盘万万寿无疆，点心高头盘足至前桌边七寸五分，盘足至两桌边四寸五分，二路一字高头九品，三路圆肩高头九品此二路碗足至两桌边七寸五分，此十八品，用热河收贮铜胎掐丝珐琅碗万万寿无疆万寿无疆共二十三品具安有牌子大花，四路填漆看盒二副，两边替苏糕、鲍螺玉露霜四品，用热河收贮铜胎掐丝珐琅碗万万寿无疆，与荤高头齐点心、高头至一字、高头至圆肩、高头至果盒俱留五分空，五路膳十品、六路膳十品、七路膳十品、八路膳十品，此四十品俱用热河收贮铜胎掐丝珐琅碗万万寿无疆，两边垂手果桌八品万寿、鸭子馅包子一品、米面点心一品万寿，俱用热河收贮铜胎掐丝珐琅盘中匙筋纸花筷套，两边小菜四品万寿无疆，用热河收贮铜胎掐丝珐琅碟摆毕。东边、颖妃、惇妃头桌宴一桌，明贵人、诚嫔、林贵人二桌宴一桌；西边、容妃、十公主头桌宴一桌，顺妃、循嫔、禄贵人二桌宴一桌。

十二月二十九日午正，安宴桌摆高头冷膳乾清宫内，设摆万岁爷大宴。东边，愉妃、容妃、十公主头桌宴一桌，顺妃、循嫔二桌宴一桌，禄贵人、鄂常在三桌宴一桌；西边，颖妃、惇妃头桌宴一桌，诚嫔、林贵人二桌宴一桌，明贵人、白常在三桌宴一桌。

《节次照常膳底档》

附录四 容妃死后的遗物及处理

乾隆五十三年四月二十日，大学士和珅传旨："容妃遗下衣服首饰等物俱着分送内廷等位，并赏公主、大格格及丹禅、本宫首领、太监、女子等。钦此。"于二十一日，分摆盛安在奉三无私，上览过，奉旨赏。于二十二日，刘秉忠具折片九个，奏过。奉旨："知道了"。钦此。其十公主等物，和珅领去；大格格等物，伊龄阿派广泰领去。

遵旨查得容妃遗下头面、衣服、银两、缎匹等项，除备用上交四执事库收存，所有陪嫁公主头面、衣服等项毋庸呈览外，谨将拟赏公主、大格格并额思音等以及本宫太监、女子各项分析缮写清单恭呈御览。

金凤五支共嵌东珠九十颗、宝石三十五块；金福寿面簪三块共嵌正珠十五颗、宝石九块；金松灵祝寿簪一对嵌正珠四颗、宝石九块；金万事如意一对嵌正珠十颗、宝石十六块；金蜻蜓簪一对嵌正珠六颗、宝石八块；金喜荷莲簪一对嵌东珠六颗、宝石十块；金秋叶鹤簪一对嵌东珠十颗、宝石六块；金宝莲结子二块嵌宝石二块；金九蝠挑牌二块共穿嵌正珠一百四十四颗；金如意簪一对；金豆瓣簪四支；金耳挖一支；金戒指套一对；金戒指一对。

尚服交四执库，缂丝金龙上身羊皮下截银鼠皮袍一件、缂丝金龙绵袍一件、绣黄缎金龙绵袍二件、织黄缎金龙夹袍一件、酱色宁绸绵袍一件、蓝纱绵袍一件、缂丝四团金龙银鼠皮褂一件、石青缎四团金龙夹褂一件、石青缎绵褂二件、石青纱绵褂一件、月白春绸绵袄三件、罗衫一件，共十六件。

二十五日起送金棺前执事

如意二柄、文竹一柄、紫檀嵌石一柄、朝珠二盘、琥珀根一盘、阿嘎里一盘、瓷花瓶大小二对、漆木小盒二对、漆盆景一对、宫扇二柄、玻璃把镜二面、紫绸手巾二条。

金棺前现陈设百日毕，再收交碧桐书院。

银莲子壶一把、银痰盆一个、银匙一把、银镶牙箸一双、银茶盅盖一件。

容妃前初上坟（焚烧）

无簪花素钿一顶、石青素缎夹褂一件无钮、绿缎银领袖棉袍一件、绿缎绵衬衣一件、未拴扮手巾一条、鞋袜各一双。

大上坟（焚烧）

藕色二则缎镶领袖绵袍一件、大红春绸绵衬衣一件、鞋袜各一双。

拟分送遗念

愉妃：玉器五件一盒、宫扇四柄、伽南香十八罗汉一盘、镶玉如意一柄。

颖妃：玉器九件一盒、宫扇四柄、伽南香十八罗汉一盘、镶玉如意一柄。

惇妃：玉器五件一盒、宫扇四柄、伽南香十八罗汉一盘、镶玉如意一柄。

婉嫔：玉器五件一盒、宫扇三柄、伽南香十八罗汉一盘、镶玉如意一柄。

循嫔：玉器五件一盒、宫扇三柄、伽南香十八罗汉一盘、镶玉如意一柄。

林贵人：玉器五件一盒、宫扇二柄、伽南香十八罗汉一盘、菜石如意一柄。

禄贵人：玉器四件一盒、宫扇二柄、伽南香十八罗汉一盘、菜石如意一柄。

明贵人：玉器四件一盒、宫扇二柄、伽南香十八罗汉一盘、菜石如意一柄。

鄂常在：玉器二件一盒、宫扇二柄、伽南香十八罗汉一盘、菜石如意一柄。

白常在：玉器二件一盒、宫扇二柄、伽南香十八罗汉一盘、菜石如意一柄。

和敬固伦公主：玉器四件二盒、宫扇二柄、伽南香十八罗汉一盘、镶玉如意一柄。

公主：皮朝冠一顶嵌七成金钻铃九块、正珠二百十三颗；秋朝冠一顶嵌七成金累丝九块、正珠二百九十二颗；珊瑚朝珠一百六十二个连钮子上安七成金；转轮盒一件；累丝圈二个；碧玗一块；正珠十二颗；耳坠一对；链锤一对；璎珞小帽一顶；扁眼正珠一颗；桦皮顶凤二支嵌东珠八颗、小正珠三十二颗；锞子一块；金镶青金项圈一圈嵌正珠六颗、东珠五颗；倭缎眉苏一件嵌正珠六颗、东珠五颗；拴扮手巾五分内一分不全；皮帽一顶碧瑶顶一个，珠四颗；凤钿一分共嵌珠二百一颗；翠钿一分共嵌珠三百八十一颗；银边钿一分共嵌珠三十六颗；绣球梅面簪三块共嵌珠一百四十七颗；福寿面簪三块共嵌珠十五颗；喜荷莲簪一对共嵌珠十颗；万寿如意簪一对共嵌珠四颗；荷叶挑牌一对共嵌珠六十二颗；秋叶蜘蛛簪一对共嵌珠六颗；赐字流苏一对共嵌珠三十四颗；赐字流苏一对共嵌珠二十二颗；吉庆流苏一对共嵌珠三十二颗；莲花流苏一对共嵌珠二十六颗；双钱流苏一对共嵌珠十八颗；菊花流苏一对共嵌珠二十八颗；绣球流苏一对穿珠球四个，珠四颗；狮子流苏一对穿珠八颗；吉庆流苏一对穿珠十颗；如意流苏一对穿珠十六颗；吉庆流苏一对穿珠十颗；凤簪一对嵌珠十颗；九蝠挑牌一块嵌珠九十一颗；火焰结子一块嵌珠八颗；茄式簪一支嵌珠二颗；蜘蛛簪一支嵌珠五颗；蝈蝈簪一对嵌珠六颗；菱花簪一对嵌珠十四颗；清平如意簪一支嵌珠四颗；海棠簪一对嵌珠二十四颗；葵花结子一块嵌珠七颗；洋玻璃蝴蝶一对嵌珠四颗；蕊托二对嵌宝石四块；雀簪一支嵌珠四颗；珠兰花一对；九凤挑牌一块无镶嵌；豆瓣四支；耳挖二支；花针十支；背云一块嵌珠五颗；背云一块嵌珠七颗；镶红瑶手镯一对；玉手镯一对；戒指表一个；正珠坠一副共珠十二颗；正珠坠一对共珠四颗；正珠坠一对共珠八颗；东珠坠一对共珠六颗；正珠抱头莲三对；东珠抱头莲一对；正珠七十四颗重一两七钱；东珠一百四十八颗重四两三钱；碎珠重六钱；米珠重三两三钱；金钱三十三个重二十三两；珊瑚朝珠三盘；松石朝珠一盘；正珠小朝珠一盘；伽南香朝珠三盘；伽南香念珠一盘珠记念；伽南香十八罗汉一盘；伽南香牌子手镯一对；银火炳二个；银挑二件；银壶二把；银背壶二件；银碗盖五件；银盆三件；银盒三件；银匙三把；银痰盆二件；银参斗一件；银西洋壶一把；银蜂蜜罐一件；银碗一件；累丝纽子四个；蜜蜡纽子十三个；镀金纽子五个；燕窝三包一钱重；银锞四个；戒指二个；坠钩十二个；骨牌一副；钟一座；表大小五个；容镜一面；银累丝盒一件；金手炉一件；鼻烟盒二件；玉花囊三件；蜜蜡花囊二件；金银线九把；嵌珐琅盒一件内玉玩九件；珊瑚荷包豆八副，又二十三个；玉如意十八柄；嵌玉如意九柄；文竹嵌玉如意九柄；满洲朝衣四分；回子朝衣二分；椰子念珠一盘；玉磬一架；缂丝皮褂一件；八团有水黑狐皮袍二件；镶领袖黑狐皮袍二件；金银皮袍一件；镶领袖貂皮袍一件；镶领袖天马袍一件；镶领袖白狐皮袍一件；绣金龙天马袍一件；八团龙青白肷袍一件；八团有水天马袍一件；绣金龙袍狐肷袍一件；镶领袖吉祥豹袍一件；镶领袖银鼠袍一件；堆八团天马袍一件；镶领袖灰鼠袍三件；酱色缎天马袍一件；八团有水混肷褂一件；绣八团貂皮褂一件；绣八团黑狐肷褂一件；绣八团天马褂一件；绣八团银鼠褂一件；八团有水银鼠褂一件；白狐嗉袄一件；混肷袄一件；貂皮领三条；红雨纱大褂三件；羊皮甬三件；吉祥豹甬一件；天马甬一件；灰鼠甬一件；貂皮下身二件；貂皮五十七张；织八团锦袍二件；绣金龙夹袍一件；绣八团有水夹袍二件；绣八团有水袍二件；镶领袖绵袍八件；镶领袖夹袍二件；绵衬衣二件；夹衬衣一件；绣八团有水绵褂四件；绣八团绵褂一件；织八团绵褂一件；绣八团夹褂一件；绵褂一件；夹褂一件；八团有水夹纱袍一件；纳纱单纱袍一件；绣纱单纱袍一件；绣八团单纱袍一件；堆纱单纱袍一件；镶领袖单纱袍十七件；镶领袖夹纱袍四件；镶领袖绵纱袍一件；月白缎绵衬衣二件；绵纱衬衣一件；夹纱衬衣一件；单绸衬衣一件；单纱衬衣十一件；绣八团夹纱褂一件；织八团单纱褂一件；绣八团有水单纱褂二件；绣八团单纱褂二件；单纱褂二件；织八团缎折片一件；纱帐一架；纱幔二架；未做成被褥二分；未做成坐褥靠背二分；各样零星一捆；未做衣料二十件；绣缎褂料十六件；绣缎袍料二件；缂丝袍料一件；缂丝八团有水绵褂一件；缂丝八团有水绵袍一件；绣金龙袍一件；绣八团有水绵袍二件；绣八团有水夹纱袍一件；绣八团有水绵褂六件；绣绵衬衣六件；缂丝折袍料一件；织八团补子一副；绣领袖八副；绣荷包片一卷；西洋手巾四条；妆缎三匹；丈二块蟒缎三匹；字缎三匹；闪缎三匹；上用缎八匹；上用宫绸一匹；官用宫绸四匹；倭缎三匹；丈二块；大卷缎一匹；大卷宫绸一匹；上用纱十六匹；大卷纱七匹；春绸二匹；杭细二匹；缎二匹；官用纱一匹；小卷纱一匹；绉绸一匹；猩猩毡三块；绣花手巾九条；密绸七匹；高丽布十匹；翠顶花钿边六分；翠凤八匣；翠花三十四匣；胭脂四匣；包头一卷；什锦梳篦十三匣；黄杨木二十匣；象牙木梳二匣；宫扇三十一柄；香珠二匣；各色香六匣；桂花一匣；靠背九个；大小褥子十三件；漆钿盒一对；雕漆茶盘十五件；雕漆盒一对；填漆匣一对；漆捧盒六对；镜子三面；铜锡器十六件；大铜镜一件；木器十件；木格一对；瓷器一百件；灯三对；藤菠萝四个；浴盆一个。

大格格：素钿一个上缀面簪一块，嵌珠七颗，红宝石六块；簪一对嵌珠六颗，宝石十四块；素钿一个上缀面簪一块，结子一块，蟾簪一对；金葫芦簪一对嵌珠十四颗，玻璃七块；金鹤簪一对嵌珠六颗，宝石八块，稞子二块；金佛手簪一对嵌珠六颗，宝石十四块、稞子三块、银菱花结子二块；银蜻蜓簪一对，穿米珠蝴蝶簪一对嵌珠四颗；银蟾簪一对嵌珠四颗；松石蝠簪一对嵌珠四颗；白玉蝠簪一对嵌珠四颗；西洋蝴蝶簪一对；珊瑚蝠簪一对嵌珠四颗；银蝈蝈簪一对嵌珠四颗；虾珠攒花草一对；银牡丹花簪一块；银梅花结子一块嵌珠四十二颗；银戒指套三对；银簪挺五支；银钿口一块；金手镯三对；玉手镯一对又一支；金三十六两；表五个；表帽架一个；金花囊五个又二个；金斋戒牌一个；玉花囊二个；象牙花囊五件；文竹香囊三个；蜜蜡斋戒牌一个；鼻烟六瓶；玉佩一件；玉鼻烟壶四个；金盒二个；象牙盒二个；象牙瑇一件；钟二架；蜜蜡朝珠二盘；玉念珠一盘；伽兰香十八罗汉八盘；银小如意三十一个；发晶鼻烟壶一个；雕漆盒二件；象牙盒一对；紫檀盒一件内盛玉器五件；珐琅鼻烟壶一个；玻璃鼻烟壶七个；玻璃容镜一面；莱石如意十二柄；紫檀嵌玉如意十柄；嵌玉如意九柄；玉陈设六件；玛瑙陈设一件；晶器三件；铜器三件；瓷器三件；木器一件；漆器一件；绣缎白狐皮袍二件；绣缎金银肷皮袍一件；酱色缎白狐肷袍一件；酱色缎两截银鼠皮袍一件；绿缎二截银鼠皮袍二件；酱色缎两截灰鼠皮袍一件；藕荷缎两截灰鼠皮袍一件；绿缎两截灰鼠皮袍一件；青缎金银肷皮褂一件；青缎青肷皮褂一件；石青缎两截银鼠皮褂一件；红绸青狐颏皮袄一件；石绉绵袄一件；红毡大褂一件；酱色缎绣八团蟒袍一件；酱色缎织八团绵袍一件；紫缎镶领袖绵袍一件；酱色缎绵袍三件；酱色缎夹袍一件；绿缎镶领袖夹袍一件；紫缎领袖夹袍一件；红毡夹衬衣一件；红缎夹衬衣一件；藕荷纱领袖单袍一件；绸绫绵衬衣五件；紫纱领袖夹袍一件；藕荷纱领袖单袍二件；绿纱八团单袍二件；绿纱领袖单袍一件；酱纱领袖单袍一件；红羽缎单衬衣一件；纱夹衬衣二件；红色一件；藕色一件；单纱衬衣八件；石青纱绵褂一件；石青纱夹褂一件；石青纱单褂二件；缎绸纱绫四十六件；翠顶花钿边三分；翠凤四匣；翠花三十四匣；瓷器八十件；镜十二面；牙茶盘二件；什锦梳篦九匣；黄杨木梳十四匣；篦子一匣；宫花二匣；宫扇二十二柄；芭蕉扇二柄；羽扇一柄；各样香五匣；各样盒十八件；漆盘四个；

漆面盆一个；漆茶盘十个；藤菠萝一个；铜锡器五件；木器五件；灯二对；大小褥四个。

拟赏公额色尹：如意一柄；鼻烟一瓶；鼻烟瓶一个；蟒缎一匹；石青大缎一匹；酱色大卷纱一匹。

公托克托：如意一柄；鼻烟一瓶；鼻烟瓶一个；蟒缎一匹；石青大缎一匹。

台吉喀申霍卓：如意一柄；鼻烟一瓶；鼻烟瓶一个；蟒缎一匹；石青大缎一匹。

台吉帕尔萨：如意一柄；鼻烟瓶一个；蟒缎一匹；酱色大卷纱一匹。

帕尔萨之子 兵 巴克尔：如意一柄；鼻烟一瓶；鼻烟瓶一个、彭缎一匹、纺丝一匹。

兵 阿克伯塔：如意一柄；鼻烟一瓶；鼻烟瓶一个；彭缎一匹；绫一匹。

兵 哈丕尔：如意一柄；鼻烟一瓶；鼻烟瓶一个；蓝纱一匹；绫一匹。

小人，丕里敦、巴巴克：每人如意一柄；鼻烟一瓶；鼻烟瓶一个；官用纱一件；石青小褂一件。

额色尹之妻：如意一柄；鼻烟壶一个；酱色大缎一匹；月白大缎一匹；蓝官用纱一匹；青官用纱一匹。

图尔都之妻：如意一柄；鼻烟壶一个；银二百两；青大缎一匹；青宫绸一匹。

喀申霍卓之妻：如意一柄；鼻烟壶一个；桃红缎一匹；绿纱一件。

喀申霍卓之女二口：每人如意一柄；鼻烟壶一个；桃红缎一件。

容妃之姐：如意一柄；鼻烟壶一个；蓝大缎一匹；月白宁绸一匹。

容妃之妹：如意一柄；鼻烟壶一个；酱色缎一匹；蓝大卷纱一匹。

兵巴哈尔等之妻三口：每人如意一柄；鼻烟壶一个；彩色大缎一匹。

帕尔萨之妻：如意一柄；鼻烟壶一个；桃红绸一件；月白绸一件。

拟赏首领二名：每人银五两，每人官用纱一匹。

出力太监四名：每人银四两；制钱一贯，每人官用纱一匹。

当差太监八名：每人银三两；制钱一贯，每人漳纱一匹。

头等女子一名：银十两；制钱一贯；衣服六件。

二等女子五名：每人银六两；制钱一贯；每人衣服五件。

头等妈妈里一名：银四两；衣服三件。

二等妈妈三名：每人银二两；每人衣服三件。

《宫中杂件》第 2104 包，乾隆 1 包

附录五　容妃死前在苏州所定做的织物及所用银两

乾隆五十一年九月初三日，宫廷为容妃在苏州定制了一批织物：

绣石青缎领袖十副，每副用地子缎三尺，银八钱一分，绣料工银四两八钱六分，以上每副料工银五两六钱七分，计十副共银五十六两七钱。

绣石青缎大荷包十对，每对用地子缎五寸，银一钱三分五厘，绣料工银九钱七分二厘，以上每对料工一两一钱七厘，计十对共银一十一两七分。

绣大红缎小荷包五十对，每对用地子缎三寸三分，银一钱四分九厘，绣料工银六钱四分八厘，以上每对料工银七钱九分七厘，计五十对共银三十九两八钱五分。

绣鹅黄小荷包五十对，每对用地子缎三寸三分，银八分九厘，绣料工银六钱四分八厘，以上每对料工银七钱三分七里，计五十对共银三十六两八钱五分。

绣大红缎扇套五个，每个用地子缎二寸四分，银一钱八厘，绣料工银七钱二分九厘，以上每个料工银八钱三分七里，计五个共银四两一钱八分五厘。

绣石青缎扇套十个，鹅黄缎扇套五个，每个用地子缎二寸四分，银六分五厘，绣料工银七钱二分九厘，以上每个料工银七钱九分四厘，计十五个共银一十一两九钱一分。

八托黑紫色八丝素缎一匹，银九两九钱六分六厘。

八托官用鹅黄素缎二匹、葵黄素缎一匹、砂蓝碎花缎二匹、桃红碎花缎二四，每匹银六两九钱四分八厘，计七匹共银四十八两六钱三分六厘。

绉绸包头二联，每联十条，计二十条，每条银一钱三分五厘，共银二两七钱。

各色小子绒二斤，计三十二两，每两银二钱七分，共银八两六钱四分。

各色光绫五十五尺，每尺银九分，共银四两九钱五分。

绣吉黄缎蟒袍一件，连领袖用地子缎二丈六尺，银七两二分。绣五彩九龙立水连行龙领袖，料工银四十七两五钱二分，以上绣袍一件，共料工银五十四两五钱四分。

绣石青缎满地风云六团有水褂拉一件，用地子缎一丈八尺，银四两八钱六分。绣五彩满地风云六团金龙立水，料工银三十一两五钱，以上绣褂拉一件，共料工银三十六两三钱六分。

绣石青宁绸满地风云六团有水褂拉一件，用地子宁绸一丈八尺，银四两三钱七分四厘。绣五彩满地风云六团金龙立水，料工银三十一两五钱，以上绣褂拉一件，共料工银三十五两八钱七分四厘。

绣石青缎领袖三副，每副地子缎三尺，银八钱一分，绣料工银四两八钱六分，以上每副料工银五两六钱七分，计三副工银一十七两一分。

通共银三百九十八两七钱三分七厘。

《容妃绣蟒袍褂领袖缎匹等项料工银两清册》

乾隆五十三年十月初三日，苏州交来容妃在苏州织造的织物。

绣金黄缎蟒袍一件，连领袖用地子缎二丈六尺，银七两二分；绣五彩龙立水连行龙领袖，工料银四十七两五钱二分，以上绣袍一件工银五十四两五钱四分。每件减银一两。

绣金黄缎净八团龙满地风云袍二件，连领袖每件用地子缎二丈六尺，银七两二分；绣五彩八团金龙连行龙领袖料工银二十六两一钱。以上每件料工三十三两一钱二分，计共银六十六两二钱四分。每件减银七钱三分。

绣石青缎净八团龙满地风云褂二件，每件用地子缎一丈九尺，银五两一钱三分；绣五彩八团金龙料工银二十一两六钱。以上每件料工银二十六两七钱三分，计两件，共银五十三两四钱六分。减银五钱二分。

绣杏黄芝地纱净八团龙满地风云袍一件，连领袖用地子纱二丈六尺，银四两六钱八分；绣五彩八团金龙连行龙领袖料工银二十六两一钱。以上绣袍一件，共料工银三十两七钱八分。减银七钱八分。

绣石青芝地纱净八团龙满地风云褂一件，用地子纱一丈九尺，银三两四钱二分；绣五彩八团金龙料工银二十一两六钱。以上绣褂一件，共料工银二十五两二分。减银五钱二分。

绣石青缎领袖六副，每副用地子缎三尺，银八钱一分；修料工银四两八钱六分。以上每副料工银五两六钱七分，计六副，共银三十四两八钱六分。每副减银一钱七分。

绣石青芝地纱领袖二副，直地纱领袖二副，每副用地子纱三尺，银五钱四分；绣料工银四两八钱六分。以上每副料工银五两四钱，计四副，共银二十一两六钱。每副减银二分。

绣石青缎大荷包十对，每对用地子缎五寸，银一钱三分五厘；绣料工银九钱七分二厘，以上每对工银一两一钱七厘。计十对，共银一十一两七分。每对减银五分。

绣大红缎小荷包五十对，每对用地子缎三寸三分，银一钱四分九厘；绣料工银六钱四分八厘。以上每对料工银七钱九分七厘。计五十对，共银三十九两八钱五分。每对减银二分。

绣鹅黄缎小荷包五十对，每对用地子缎三寸三分，银八分九厘；绣料工银六钱四分八厘。以上每对料工银七钱三分七厘，计五十对，共银三十六两八钱五分。

绣大红缎香袋二十七个，计十三对半，每对用地子缎八分，银三分六厘；绣料工银二钱一分六厘。以上每对料工银二钱五分二厘，计十三对半，共银一十八两一钱五分四厘。每对减银二分。

八托大红八丝素缎一匹，银一十八两一钱五分四厘。减银一钱五分四厘。

八托鹅黄八丝素缎半匹，银四两九钱八分三厘。减银一钱。

八托官用大红素缎一匹，银九两七钱四分八厘。减银一钱。

九托碎花杏黄实地纱一匹，藕荷实地纱一匹，绿色实地纱一匹，紫色实地纱一匹，杏黄芝地纱一匹，藕荷芝地纱一匹，绿色芝地纱一匹，紫色芝地纱一匹，每匹银六两四钱四分六厘。计八匹，共银五十一两五钱六分八厘，每匹减银一钱。

八托官用碎花月白实地纱四匹，富贵长春杏黄芝地纱一匹，藕荷芝地纱一匹，绿色芝地纱一匹，紫色芝地纱一匹。每匹银四两二钱六厘，计八匹，共银三十三两六钱四分八厘。每匹减银一钱。

碎花白生纱六匹，每匹银一两八钱，共银一十两八钱。

月白对花绸十匹，每匹银二两一钱六分，共银二十一两六钱。

万字白荡北绸四匹，每匹银二两一钱六分，共银八两六钱四分。每匹减银六分。

青绉纱包头一联，计十条，每条银一钱三分五厘共银一两三钱五分。每条减二分。

青绉纱包头八匣，每匣一联，计十条，每条银一钱三分五厘，计八匣，共银一十两八钱。每条减二分。

大翠花三对，每对银四两三钱二分，共银一十二两九钱六分。每对减银一钱。

红头绳二斤，银九钱六分，共银一两九钱二分。每斤减银二分。

缂丝领袖一副，银八两三钱三分六厘。减银三钱。

通共银五百七十一两三钱三分九厘。

《内务府来文》

附录六　容妃死后的礼仪程序等事项

乾隆五十三年四月二十五日，掌仪司为知会事：本月二十七日，容妃金棺由西花园奉移于静安庄静安，为此照会。

乾隆五十三年四月二十八日，掌仪司为知会事：五月初三日，容妃前初祭礼，读祭文致祭。初十日大祭礼读文致祭，俱于次日绎祭。为此照会。设更一分，用羊油蜡至七月二十七日止。

乾隆五十三年四月二十八日，掌仪司为知会事：准礼部咨称祠祭司案呈本部具奏：五月初三日，容妃初十坟，初十日大上坟礼，二次俱读文致祭祀或派王承祭或臣部堂官承祭之处，缮写红头签、绿头签，恭候钦点二员等因。于乾隆五十三年四月二十六日奏奉旨：既有皇六子、皇八子在彼，不必另派，钦此。

乾隆五十三年五月初三日，掌仪司为知会事：静安庄安放之容妃前，五月初四日起到初十日，令喇嘛六十名念经七日，为此知会。

乾隆五十三年五月初八日，掌仪司为知会事：奉旨本月初十日容妃大祭礼致祭，著改于十一日，钦此钦遵，为此知会。

乾隆五十三年六月十四日，掌仪司为知会事：六月十九日静安庄暂安放容妃前，二满月礼致祭，为此知会。

乾隆五十三年七月十七日，光禄寺为公务事：准礼部文开，容妃前于本月十九日三满月礼致祭。

乾隆五十三年十月初六日，东领内务府总管衙门为行取事：孝贤皇后陵

185

内关防衙门案呈，恭呈容妃金棺于本年九月二十五日永远奉安于纯惠皇贵妃园寝，其所需铜器俱经广储司磁库照例照交在案。惟查容妃位前供茶应用暗龙黄瓷碗未经送到，理应呈明。咨呈内务府转交广储司磁库发给暗龙黄碗二个，以备应用，相应出派茶房人人达子前往领取，希为如数给发可也等因，呈递为此咨呈。内务府请为查照施行，须至咨呈者。暗龙黄瓷碗二个，每个口径四寸，足径一寸五分，通高二寸。

《内务府来文·礼仪》第 60 包

乾隆五十三年九月初五日，遵旨查得本日礼部奏事牌绿头牌一件称：德保、邹奕孝皆入场主式。纪昀现带印钥住宿属中。达椿、德明皆在热河，仅余堂官刘跃云一员，即令届期恭送容妃金棺等语。臣伏查昨已奉旨令玛兴阿兼署礼部侍郎，可否改换玛兴阿前往之处，伏候钦定，谨奏。乾隆五十三年九月初五日，奉旨："著派玛兴阿"钦此。

《上谕档》乾隆五十三年九月份秋季档

乾隆五十三年九月，銮仪卫为知照得恭送容妃金棺所有彩仗送至陵寝处焚化。今将彩仗、车轿上银铜物件相应开单移咨内务府派员带领匠役，是日赴焚化处验收。再彩仗内车轿照例于彩仗焚化之日，交与该处任其朽烂可也。（编者按：所附粘单中详细记载的是仪仗中应收回的银、铜铁物件。）

粘单记容妃仪仗一分，上银器、铜铁开后：

拂尘一对上有铜镀金凤头二个，凤尾二个；银大瓶一个重一百六十九两五钱；银小瓶一个重一百四十二两八钱；银香盒一个重三十九两二钱；银水碗一个重五十三两；银盆一面重一百四十九两六钱；银提炉一个重五十两；交椅一张正背面铜贴金云片六块；足踏一个上有铁镀金角云四块；马镫一个上有铜镀金角云四块、银垂檐四块重七两；旌节一对上有铜宝盖两个，以上伞旗顶十一个、扇叶十六块，俱系铜贴金；八人凤轿一乘上铜镀金顶一个；铜镀金凤十支；银镙十九挂连四人轿上银镙，共重十两一钱一分；轿顶上铜镀金押边一分；老杆凤头尾系铜镀金；横杆管头四个系铜镀金，分中瓦、称杆周身什件；奶头钉系铁镀金银二色；请杆分中瓦四块铜镀金；四人轿一乘上铜镀金顶一个、银镔十五；**老杆请杆铜管头八个** 分中瓦两块，称杆周身俱系铁什件；**银钮四十个** 每个重三分；
车一辆 上铜镀金顶一个，车沿前后周身什件俱系铁鋄银；**车鞍一副** 鞦辔、达腰、踢什件俱系铁鋄
金银二色。

《内务府来文·礼仪》第 60 包

　　乾隆五十三年九月初六日，准内务府文开，容妃前于九月十六日预行奉
移礼致祭，办连饭桌十三张。十七日，金棺奉移，沿途分为五宿，每宿供饽饽
饽桌一张，二十二日抵纯惠皇贵妃园寝，至二十三日，每日芦棚内仍供饽饽
桌一张。二十三日预行永安礼致祭，办连饭桌十三张。所有各处应用桌张、
刷套，相应行文贵衙门，查照办理可也，须至咨称者。

　　礼部为知照事，祠祭祀案呈，本年九月十七日起送容妃金棺至东陵妃园
寝永远奉安。本部派出员外郎兴麟、笔帖式舒兴阿送往，相应知照内务府查
照可也，须至咨者。

　　乾隆五十三年九月初七日，掌仪司为知会事：本月十七日辰时奉移容妃
金棺，于十六日行奉移礼致祭。二十五日卯时永远奉安。于二十三日行永远
奉安礼致祭。为此知会。

　　礼部为知照事，祠祭司案呈，本部具奏内开，查定例，妃神牌刻字填
青，即令送金棺之臣部堂官，会同内阁大臣监视行礼等语。今容妃金棺于九
月十七日奉移，二十五日奉安。所有神牌刻字填青礼，应于奉安日举行。谨
将内阁大学士、学士职名缮写名签，请钦派一员会同派出之臣部堂官监视行
礼等因，于乾隆五十三年九月初四日发报具奏，初七日报回。奉旨着派扎勒
翰，钦此。相应知照内务府可也，须至咨者。

《内务府来文·礼仪》第 60 包

附录七　容妃家族人员小传

在容妃遗物中，有送给丹禅（娘家）的物品，其中提到额色尹、图尔都等人。下面介绍一下他们的传略。

一、额色尹传（容妃五叔父）

居京师之回爵定世袭三等台吉。

额色尹，叶尔羌人，号额尔克和卓。其始祖曰派军帕尔，世为回部长。居叶尔羌，领其族，族统称和卓，犹蒙古族统称台吉也。准噶尔强，策妄阿喇布坦侵叶尔羌，黜和卓，阿哈玛特掠其族置吐鲁番，寻以吐鲁番内附，复协徙伊犁。大军定准噶尔，额色尹等乞降。阿哈玛特子霍集占复乘阿睦尔撒纳乱，协族自伊犁归叶尔羌。额色尹不从，避徙布鲁特，霍罕玛尔噶朗、安集延纳木干、塔什干诸部。弟伯尔萨及兄子玛木特、图尔都从之，霍集占与布鲁特仇，以兵索之，不得。乾隆二十三年大军讨霍集占，抵叶尔羌，额色尹闻之，偕图尔都及布鲁特之呼什齐鄂拓克长纳喇巴，以兵攻喀什噶尔，袭英吉沙尔诸邑，时霍集占抗大军喀喇，乌苏哈蜜扎萨克贝子玉素卜遣侍卫布占鲁泰征兵布鲁特抵阿特巴什，其长曰明伊勒哈以兵寡辞布占泰归谍。霍集占兄布拉呢敦自喀什噶尔援叶尔羌，闻布鲁特兵袭其邑，疑与我军应，惧不敢逼。喀喇乌苏图则未知为布鲁特何鄂拓克也。二十四年，玛木特自布鲁特赴阿克苏谒定边将军兆惠，以故告且称额色尹集兵纳喇巴，待我军檄兆惠传旨奖给币，令玛木特达额色尹书。额色尹以兵至，道遇贼百余击之，获蠹一，献军门，请内附。兆惠慰谕之。霍集占等既窜，有布鲁特兵攻喀什噶尔之布喇村。额色尹遂遣属从侍卫成果檄止之，曰叶尔羌、喀什尔已定，若复进兵是抗大军也。布鲁特兵乃还。兆惠遣额色尹入觐，上以其为派军帕尔裔诏封辅国公。额色尹奏：世居叶尔羌，准噶尔掠属吐鲁番，再从伊犁以避霍集占乱，奔布鲁特幸马天朝臣仆安置，惟命诏留京师。传谕兆惠等曰：额色尹等家口送京。四十八年诏：俟出缺后，子如爵，视有绩，再传仍袭公爵，无绩以次降袭三等台吉。五十五年，额色尹卒，赐银二百两治丧，谕曰：额色尹所遗公爵并非由军功所得，特恩晋封者，理应降等承袭，但念额色尹行走年久，着加恩，令伊子喀沙和卓袭，一次袭。喀沙和卓额色尹子，乾隆五十三年袭辅国公。五十六年以勤奋奉职，加封镇国公。

《回疆通志》

二、图尔都传（容妃哥哥）

居京师之回爵定世袭三等台吉。

图尔都，叶尔羌人，辅国公额色尹从子。初徙居伊犁，以不附族酋霍集占叛，从额色尹走匿布鲁特境，布鲁特称曰和卓。乾隆二十三年，闻大军征霍集占抵叶尔羌，霍集占抗诸喀喇，乌苏阴以布鲁特兵从额色尹攻喀什噶尔，分贼势。二十四年，其兄玛木特诇大军，告故图尔都寻布鲁特请降，额色尹偕玛木特先入觐，图尔都继至，上以其为派军帕尔裔，诏授扎萨克一等台吉，留京师。二十七年，追论攻喀什噶尔功，晋封辅国公。四十四年死，从子托克托袭，一次袭。托克托，图尔都从子，乾隆四十四年袭辅国公，四十八年，诏俟出缺后视有绩令子如爵，无绩以次降袭三等台吉。五十五年正月，托克托父喀沙和卓别袭辅国公。谕曰：从前图尔都所遗辅国公本应降等承袭，朕特加恩，令托克托仍伊自袭爵以来甚属疏懈，托克托系喀沙和卓之子，喀沙和卓既袭公爵，托克托着降为一等台吉。二月，托克托卒，理藩院以其无嗣，奏请停袭，得旨如议。

《回疆通志》

三、玛木特传

居京师之回爵定世袭二等台吉。

玛木特，叶尔羌人，辅国公额色尹从子。初从居伊犁，号托兰珠和卓。以不附族酋霍集占叛，偕弟图尔都从额色尹走匿布鲁特境。乾隆二十三年，大军征霍集占抗诸喀喇乌苏，额色尹、图尔都以兵攻喀什噶尔，玛木特留布鲁特视戚属。二十四年，额色尹复自布鲁特集兵，遣玛木特至阿克苏谒定边将军兆惠告故，且称以避霍集占走布鲁特不获，早至兆惠慰谕之，进兵喀什噶尔携玛木特从令以书达额色尹。额色尹驰至，喀什噶尔诸城定。兆惠遣玛木特入觐。上以其为派军帕尔裔，诏授扎萨克一等台吉，留京师。复谕兆惠遣其子巴巴至与聚处。四十四年卒，子巴巴降袭二等台吉，一次袭。巴巴，玛木特长子，初称和卓。乾隆二十四年，兆惠遵旨自军所遣至，诏授四等台吉，四十四年袭二等台吉，四十八年诏俟出缺后视有绩令子如爵，无绩以次降袭四等台吉。五十三年，诏世袭二等台吉罔替。

《回疆通志》

附录八　容妃家族所受待遇、赏赐

一、圆明园筵宴

乾隆二十五年岁次庚辰正月十五日辛酉，上诣安佑宫行礼，奉皇太后同乐侍早膳，巳刻，上御正大光明殿升座，赐朝正外藩筵宴。其中有回子公厄色眼。回子扎萨克一等台吉图尔都和卓。回子扎萨克一等台吉马磨特郭尔罗思。

《乾隆二十五年起居注》

二、编入佐领

乾隆二十五年庚辰正月，谕军机大臣等：在京安插回人内，额色尹系公品级，玛木特、图尔都和卓系扎萨克，应归理藩院管辖。又乐工、匠艺人等共编一佐领，其佐领着白和卓补授。归内务府管辖，嗣后续到回人，均入此佐领下。

《清实录·高宗纯皇帝实录》

乾隆二十五年四月乙亥朔，谕军机大臣等：伯克霍集斯、和什克伯克、额色尹、玛木特、图尔都和卓等安置京师，着照伊等应得俸银，赏给禄米，以资养赡，嗣后在京安置回人俱遵照办理。

《清实录·高宗纯皇帝实录》

三、赏女子巴朗物品（图尔都之妻，因赐给图尔都而受赏赐）

乾隆二十五年四月初八日，王成奉旨：赏女子巴朗金珊瑚菱花面簪三支嵌无光东珠二颗，蚌珠一颗，小正珠十八颗，银挺共重二两九钱；金累丝事事如意簪一对嵌红宝石二块，蓝宝石二块，重五钱；金蝈蝈簪一对嵌小正珠六颗，铜挺共重四钱；碧玉蜜蜡蓝花簪一对嵌碎小正珠二颗，红宝石二块；镶嵌莲花金簪一对嵌小正珠二颗，蓝宝石二块，铜挺共重五钱；金累丝碧玡抱头莲一对重九钱；木梳二匣；篦子二匣；大抿二匣；小抿二匣；别刷二匣；牙刷刮舌二匣；翠顶花钿边一分；石青缎女夹褂二件；紫缎镶领袖夹女袍一件；大红缎夹女衬衣一件；酱色漳绒女夹袍一件；大红漳绒夹衬衣一件；石青夹纱女褂一件；香色纱镶领袖女夹袍一件；红纱夹衬衣一件；青纱女夹褂一件；酱色纱女夹袍一件；绣绿纱夹衬衣一件。

《内廷赏赐（二）》

四、赏图尔都等茶点

乾隆二十五年六月初十日，飞云轩赏图尔都阳羡茶二瓶。

二十六年六月初七日，飞云轩赏额色尹、图尔都郑宅茶。

二十九年七月初九日，飞云轩赏额色尹、图尔都郑宅茶。

三十年五月二十六日，飞云轩赏额色尹、图尔都每人碧螺春茶十瓶。

三十一年七月初四日，奉旨赏额色尹、图尔都每人碧螺春茶十瓶。

三十二年五月二十七日，奉旨赏额色尹、图尔都每人碧螺春茶十瓶。

三十三年五月十八日，赏额色尹、图尔都每人碧螺春茶十瓶。

三十四年五月二十四日，飞云轩赏额色尹、图尔都每人碧螺春茶十瓶。

三十五年闰五月二十三日，飞云轩赏额色尹、图尔都每人阳羡茶十瓶。

三十五年八月十五日，赏图尔都、伯和卓二人月饼一套、各样鲜果一盒、榆次县西瓜二个。

三十六年五月二十二日，飞云轩赏额色尹、图尔都每人碧螺春茶十瓶。

三十七年五月十六日，飞云轩奉旨额色尹、图尔都每人碧螺春茶十瓶。

三十八年五月初四日，飞云轩安得茶叶，总管萧云鹏奏过奉旨赏额色尹、图尔都每人碧螺春茶十瓶。

三十九年五月十四日，飞云轩安得茶叶，首领张忠奏奉旨赏额色尹、图尔都每人碧螺春茶十瓶。

乾隆四十年五月十九日，总管萧云鹏据赏茶叶折一个，赏额色尹、图尔都每人碧螺春茶十瓶。

四十一年五月十二日，飞云轩赏额色尹、图尔都每人碧螺春茶十瓶。

四十二年八月十五日，总管萧云鹏等恭议将赏人月饼、鲜果、西瓜按份摆毕，早膳后安在奉三无私后殿廊下，安毕 煩娓琢焜胖揎菡燮 一个奏过，奉旨赏图尔都、伯和卓月饼一盘、鲜果一盘。

乾隆四十三年七月初九日，飞云轩赏额色尹碧螺春茶十瓶。

四十四年五月初八日，飞云轩赏额色尹碧螺春茶十瓶。

四十五年五月十二日，照例在飞云轩赏额色尹天桂花香茶十瓶。

四十六年五月初二日，飞云轩赏额色尹碧螺春茶十瓶。

四十七年四月二十八日，在飞云轩赏额色尹碧螺春茶十瓶。

《赏赐底簿》

五．赏图尔都等哈密瓜蜜荔枝

乾隆二十六年十月十二日，赏图尔都、漠咱帊拉、伯和卓青皮瓜一个。

二十七年九月二十日，赏图尔都、伯和卓青皮瓜一个。

二十八年七月十八日，赏图尔都、伯和卓二人蜜荔枝一瓶，九月二十七日赏青皮瓜一个。

二十九年十月十四日，赏图尔都、伯和卓青皮瓜一个。

三十年七月十六日，赏图尔都、伯和卓蜜荔枝一瓶。九月二十八日，赏青皮瓜一个。

三十一年七月二十五日，赏图尔都、伯和卓蜜荔枝一瓶。十月九日赏青皮瓜一个。

三十二年七月十三日，赏图尔都、伯和卓蜜荔枝一瓶。九月二十三日，赏青皮瓜一个。

三十三年八月六日，赏图尔都、伯和卓蜜荔枝一瓶。九月二十七日，赏青皮瓜一个。十月十八日，赏图尔都、伯和卓每人哈密瓜一个。

三十四年八月十日，赏图尔都、伯和卓每人蜜荔枝一瓶。十月初七日，赏青皮瓜一个。

三十四年十一月初一日，赏图尔都、伯和卓每人哈密瓜一个。

三十五年七月十八日，赏图尔都、伯和卓二人蜜荔枝一瓶。九月初七日，赏青皮瓜一个，十月十八日，赏每人哈密瓜一个。

三十六年八月一日，赏图尔都、伯和卓每人蜜荔枝一瓶。十月九日，赏青皮瓜一个，十月二十五日，赏每人哈密瓜一个。

三十七年七月十二日，赏图尔都、伯和卓每人鲜荔枝一个。八月二十六日，又各赏鲜荔枝一个。十一月一日，赏每人哈密瓜一个。

三十八年七月二十二日，赏图尔都、伯和卓每人蜜荔枝一瓶。十月十六日，赏每人哈密瓜一个。

三十九年七月六日，赏图尔都、伯和卓每人鲜荔枝一个。七月七日，又各赏鲜荔枝一个。七月十四日，赏每人蜜荔枝一瓶。十月三日，赏青皮瓜一个。十月二十六日，赏每人哈密瓜一个。十一月十二日，赏青皮瓜一个。

四十年七月二十三日，赏图尔都、伯和卓鲜荔枝一个。八月十三日，赏每人哈密瓜一个。

四十一年六月二十八日，赏图尔都、伯和卓每人鲜荔枝一个。七月二日，又各赏鲜荔枝一个。九月二十七日，赏青皮瓜一个。十月二十五日，二人各赏哈密瓜一个。

四十二年八月十五日，赏图尔都、伯和卓蜜荔枝一瓶。十月二十八日，每人哈密瓜一个。

四十三年七月十六日，赏图尔都、伯和卓、喀什和卓蜜荔枝二瓶。九月二十六日，赏伯和卓、喀什和卓青皮瓜一个。十月十四日，努三伯和卓、喀什和卓每人哈密瓜一个。

《哈密瓜、蜜荔枝底簿》

六、赏图尔都等荷包、火镰

乾隆三十五年正月初六日，桂元要去各色缎小荷包二百九十六个、熏皮火镰九十五把，紫光阁筵宴赏胡图克图、蒙古王、贝勒、贝子、公、额驸、台吉、喇嘛、住年班回部人等。其中赏回子辅国公图尔都、回子辅国公额色尹和什克、回子公品级头等台吉素拉满、回子扎萨克头等台吉玛木特每人小荷包二个，火镰一把。

乾隆三十六年正月初五日，总管桂元要去赏用绣各色缎小荷包一百三十六个。紫光阁筵宴胡图克图、蒙古王、贝勒、贝子、公、额驸、台吉、喇嘛等人。其中赏回子辅国公和什克、回子辅国公额色尹、回子辅国公图尔都无名小荷包二个。

三十六年九月初九日，胡世杰要去上等赏用小荷包八十六个，其中赏回子公图尔都荷包。

《赏赐底簿》

七、下江南赏图尔都等食品

乾隆三十年正月十六日起至四月二十日止，出巡江南，沿途赏赐容妃的哥哥图尔都以及伯和卓的食品有：鹿尾肉、螺丝包子、攒盘、炉食、点心、奶皮、大炉饼、芝麻饼、丸子、书卷、羊肉、菀豆包子、蜂糕、小饽饽、米面、奶饼、蒸鸭子、额集个等，共有一百四十多次。

《江南额食底档》

主要参考书目

1.《清实录·高宗纯皇帝实录》，影印本，中华书局 1985 年版。

2. 唐邦治：《清皇室四谱》，上海聚珍仿宋印书局聚珍铅印本，1923 年版。

3. 张孟劬：《清列朝后妃传稿》，绿樱花馆平氏墨版。

4.《昌瑞山万年统志》，光绪朝，英廉重修本。

5.《陵寝易知》，清东陵珍藏，手抄本。

6. 王钟翰点校：《清史列传》，中华书局，1987 年版。

7.《清朝野史大观》，河北人民出版社 1997 年版。

8.《钦定大清会典事例》，光绪二十五年刻本、影印本，商务印书馆 1909 年版。

9. 徐广源：《正说清朝十二后妃》，中华书局 2005 年版。

10. 徐广源：《清东陵史话》，新世界出版社 2010 年版。

11. 吴空：《中南海史迹》，紫禁城出版社 1998 年版。

12. 石田干之助著，傅抱石译：《郎世宁传略考》文，《国文周报》第 13 卷，第 32、33 期。

13. 毛拉木沙：《伊米德史》，新疆历史调查组汉译油印稿。

14. 孟森：《香妃考实》，国立北京大学国学季刊 6 卷 3 号油印本（因抗日战起，未印行）。

15. 纪大椿：《喀什"香妃墓"辨误》，《新疆史学》1979 年第 1 期。

16. 肖之兴：《"香妃"史料的新发现》，《文物》1979 年第 2 期。

17. 纪大椿：《"香妃"生父考辨》，《文物》1979 年第 11 期。

18. 杨乃济：《"香妃传说"与宝月楼、回子营》，《故宫博物院院刊》1982 年第 3 期。

19. 胡凌、邹兰芝编：《全彩中国绘画艺术史》，宁夏人民出版社 2001 年版。

20. 徐广源：《清帝圣容供奉制度初探》见《清史研究与避署山庄》，辽宁民族出版社 2005 年版。

21. 徐广源：《大清皇陵探奇》，沈阳出版社 2012 年版。

22. 徐鑫：《香妃画像》，山东大学出版社 2010 年版。

23. 王其亨：《清代陵寝地宫研究》（未出版）。

24. 萧雄：《听园西疆杂述诗》文，见《清史研究与避署山庄》，辽宁民族出版社2005年版。

25. 于善浦、董乃强编：《香妃》，书目文献出版社1985年版。

26. 许啸天：《清宫十三朝演义》，上海新华书局中华民国十四年(1925)版。

27. 聂崇正：《郎世宁和他的历史画、油画作品》，刊载于《故宫博物院院刊》1979年第3期。

28. 《清东陵纪事》，清东陵有关档案。

29. 《清史稿》，中华书局1977年版。

30. 朱彤：《香妃墓，谁呵护》文，《人民政协报》民族宗教版，第33、38期，2002年9月7日。

31. 《崇陵地宫发掘清理报告》，清西陵文物管理处1980年版。

32. 时墨庄：《香妃遗骨与其辨伪》文，1982年10月打印稿。

33. 《唐山百年纪事》，唐山文史资料精选第二卷《文化天地》，中国文史出版社2002年版。

34. 徐广源：《香妃地宫清理记》，《旅游纵览》，2001年第1期。

35. 徐广源：《清陵地宫内的金井》，《紫禁城》，1992年第2期。

36. 刘潞选注：《清宫词选》，紫金城出版社1985年版。

37. 艾哈迈特·霍加：《"香妃"的传说》文，《清史论丛》2009年号。

38. 纪大椿：《"香妃"乾隆容妃的幻影》文，北京三联书店2010年版。

39. 阎崇年：《正说清朝十二帝》，中华书局2007年版。

40. 《东陵盗案汇编》，清朝东陵守护官员编，1928年。

41. 徐广源：《清皇陵地宫亲探记》，紫禁城出版社2007年版。

42. 徐鑫：《走进香妃墓》，新世界出版社2003年版。

43. 于善浦：《香妃考》，1982年10月手稿。

44. 中国第一历史档案馆译：《清初内国史院满文档案译编》（上），光明日报出版社1989年版。

45. 陈可冀主编：《清宫医药集成》，科学出版社2009年版。

46. 有关容妃墓清理纪要和相关的材料。

47. 采访当年清理容妃地宫人员的口述材料。

48. 《在乾隆至嘉庆年添减底档》中国第一历史档案馆乾隆年间的有关清宫档案：《在乾隆至嘉庆年添减底档》、《乾隆二十五年起居注》、《内庭赏赐例二》、《内庭赏赐例三》、《内庭赏赐例四》、《内庭赏赐例五》、《哈密瓜、蜜荔枝底簿》、《赏赐底簿》、《拨用行文底簿》、《江南节次照常膳底档》、《山东照常膳底档》、《盛京照常节次膳底档》、《哨鹿节次照常膳底档》、《内务府来文》、《进小菜底档》、《银两月积》宫中杂件、《用平安丸底簿》、《容妃绣蟒袍褂领袖缎匹等项料工银两清册》、《容妃遗物》、《节次照常膳底档》、《江南额食底档》等。

后记

这个写乾隆帝"香妃"的稿子终于再次写完，这次是在以前稿子的基础上进行了修改和纠正，补充了一些新的研究成果，并更换了一些新的珍贵图片，最主要的是在附录中增加了大量的有关容妃的清宫档案，以使对"香妃"的研究和考证显得更加清晰、更有说服力。

关于"香妃"的稿子，自从2004年至今，这已经是第四个版本了。而之前的三个版本，都是市场上引起了广大读者的热烈好评。为此，每次写稿子，我都投入了大量的时间和精力，在写作之前，都要把自己要想表达的和基本上已经公认的结论在大脑里像放电影那样过上几遍，看看构思是否清晰，看看结构是否完整、合理。写作每一本书，尤其是历史题材的作品，其需要付出的汗水到底有多大，只有那些自己亲身做过的人才知道。而我，对于写过三次的香妃稿子，按理说虽然是最熟悉不过的了，但事实上，越是最熟悉的这个历史人物，写起来的难度则越大。为了每次写作都能有新发现、新体会，我不仅要看大量的所有介绍香妃的图书和档案，还要对这些内容和文字进行条理清晰的整理和分析，力图每次写作在文字上都有较大的突破，在图书的整体质量上也要有最新的进步。

世间本来一切事情都是有真相和内幕的，但最终被外人所知道的和流传记录下来的却是很少。假象总是覆盖在真相上面，这主要看你用怎样的心态看待和现实地面对。这是我对历史的看法，也是我喜欢历史的一个主要原因。于是，我想通过写书的方式，将一些与历史人物相关联的新研究成果真实记录下来，为的是将来人们不再为一些历史假象而迷茫，也能因此更好地了解那些过去的事情。

此书在写作过程中，使用并参考了许多学者前辈的研究成果，天津大学的王其宗教授、北京的岳南先生纪大椿先生、东陵的徐广源先生、遵化的于善浦先生等，以及爱好者朋友、唐山的李宠杰、冯建明、桂林的广林、南京的马云珠、四川的冥想、沧州的崔艳涛、东陵的王志阁、许会军、任国全、苏雪松、兰景涛、胡云飞、杨少君，还有老同学王艳明田宇云、田宝军等。这里，笔者向这些前辈学者致以最诚挚的谢意。

由于笔者才疏学浅，书中存在各种毛病、缺点甚至谬误一定很多，恳请诸位前辈、专家学者及广大读者提出宝贵的意见和中肯的批评！但愿这本小书像百花园中一棵小草那样，在享受阳光的沐浴的同时，也能禁受得住暴风雨的鞭打。如果能达到这样的效果，笔者就知足了，因为这是笔者写作的初衷。

最后，谨以此书的出版，祝贺好友李宏杰先生新婚之喜。

徐　鑫

2013 年 8 月

责任编辑：王怡石

封面设计：周方亚

图书在版编目（CIP）数据

香妃迷案：清宫档案与考古中的香妃 / 徐鑫 著 .–北京：东方出版社，2014.4

ISBN 978 – 7 – 5060 – 7339 – 4

I.①香… II.①徐… III.①乾隆帝（1711 ~ 1799）– 皇妃 – 人物研究

　IV.① K828.5

中国版本图书馆 CIP 数据核字（2014）第 049104 号

香妃迷案——清宫档案与考古中的香妃

XIANGFEI MI'AN QINGGONG DANGAN YU KAOGU ZHONG DE XIANGFEI

徐鑫 著

东方出版社 出版发行

（100706　北京市东城区隆福寺街 99 号）

北京中科印刷有限公司印刷　新华书店经销

2014 年 10 月第 1 版　2014 年 10 月北京第 1 次印刷

开本：710 毫米 × 1000 毫米 1/16　印张：13

字数：190 千字

ISBN 978 – 7 – 5060 – 7339 – 4　定价：39.00 元

邮购地址 100706　北京市东城区隆福寺街 99 号

人民东方图书销售中心　电话（010）65250042　65289539